公司法修改前后条文对照表

Gongsifa Xiugai Qianhou Tiaowen Duizhaobiao

人民法院出版社 编

人民法院出版社

图书在版编目（CIP）数据

公司法修改前后条文对照表 / 人民法院出版社编
. -- 北京 : 人民法院出版社, 2024.1
ISBN 978-7-5109-4030-9

Ⅰ. ①公… Ⅱ. ①人… Ⅲ. ①公司法—研究—中国
Ⅳ. ①D922.291.914

中国国家版本馆CIP数据核字(2023)第257525号

公司法修改前后条文对照表
人民法院出版社 编

策划编辑 丁塞峨
责任编辑 丁塞峨
出版发行 人民法院出版社
地　　址 北京市东城区东交民巷27号（100745）
电　　话 （010）67550656（责任编辑） 67550558（发行部查询）
65223677（读者服务部）
网　　址 http://www.courtbook.com.cn
E－mail courtpress@sohu.com
印　　刷 三河市国英印务有限公司
经　　销 新华书店

开　　本 787毫米×1092毫米 1/16
字　　数 202千字
印　　张 12.25
版　　次 2024年1月第1版 2024年1月第1次印刷
书　　号 ISBN 978-7-5109-4030-9
定　　价 48.00元

出版说明

2023年12月29日，《中华人民共和国公司法》（以下简称公司法）由第十四届全国人民代表大会常务委员会第七次会议第二次修订，自2024年7月1日起施行。我国现行公司法于1993年制定，1999年、2004年对个别条款进行了修改，2005年进行了全面修订，2013年、2018年又对公司资本制度相关问题作了两次重要修改。公司法的制定和修改，与我国社会主义市场经济体制的建立和完善密切相关。公司法颁布实施以来，对于建立健全现代企业制度，促进社会主义市场经济持续健康发展，发挥了重要作用。

本次修订前的公司法有218个条文，修订后的条文增加到266条，修订力度大。在新公司法的266个条文中，只有36个条文是从原公司法平移过来，其他230个条文中，有49个是新增条文，有181个条文有不同程度的修改和整合，新增和修改的条文约占新法条文总数的86%。

修订后的公司法明确，为了规范公司的组织和行为，保护公司、股东、职工和债权人的合法权益，完善中国特色现代企业制度，弘扬企业家精神，维护社会经济秩序，促进社会主义市场经济的发展，根据宪法，制定本法。

为帮助广大读者更好地学习和掌握公司法条文与相关旧法条文的差异，我们特意组织编写了本书。本书具有以下特点：

第一，新旧对照。2018年公司法条文和2023年公司法条文相互对照，这样不仅能够对照发现修改之处，而且可以方便查阅新条文和原条文。

第二，醒目标识。对新条文修改或增加之处作黑体标识，对原条文修改或删去之处加阴影标识。结合新旧对照，修改之处一目了然。

第三，重点标注。对由旧法多个条文重新整合或分解的公司法条文进行重点标注，精准清晰呈现其与原条文的对应、变化和传承关系。

为保障权威性，本书邀请最高人民法院民事审判第二庭专家进行审定，希望本书能有效提高读者学习新修订公司法的效率，为学习和工作带来便利。对于本书编写不妥之处，敬请批评指正。

人民法院出版社

二〇二四年一月

目 录

公司法重要内容导读*

2023年12月29日，《中华人民共和国公司法》（以下简称公司法）由第十四届全国人民代表大会常务委员会第七次会议第二次修订，自2024年7月1日起施行。

一、关于公司法修改的必要性

公司是最重要的市场主体，公司法是社会主义市场经济制度的基础性法律。我国现行公司法于1993年制定，1999年、2004年对个别条款进行了修改，2005年进行了全面修订，2013年、2018年又对公司资本制度相关问题作了两次重要修改。公司法的制定和修改，与我国社会主义市场经济体制的建立和完善密切相关，颁布实施近30年来，对于建立健全现代企业制度，促进社会主义市场经济持续健康发展，发挥了重要作用。

党的十八大以来，以习近平同志为核心的党中央统筹推进“五位一体”总体布局，协调推进“四个全面”战略布局，在深化国有企业改革、优化营商环境、加强产权保护、促进资本市场健康发展等方面作出重大决策部署，推动公司制度和实践进一步完善发展，公司注册登记数量由2013年的1033万家增加到3800万家，同时对公司法修改提出一系列任务要求。

第一，修改公司法，是深化国有企业改革、完善中国特色现代企业制度的需要。习近平总书记强调，坚持党对国有企业的领导是重大政治原则，必须一以贯之；建立现代企业制度是国有企

* 本文根据全国人民代表大会常务委员会法制工作委员会副主任王瑞贺2021年12月20日在第十三届全国人民代表大会常务委员会第三十三次会议上所作的《关于〈中华人民共和国公司法（修订草案）〉的说明》以及2023年12月29日最新修订的公司法公布后，全国人大常委会法制工作委员会相关负责人答记者问整理。

业的改革方向，也必须一以贯之。党的十八届三中全会决定提出，推动国有企业完善现代企业制度；健全协调运转、有效制衡的公司法人治理结构。党的十九届三中全会决定提出，将国有重点大型企业监事会职责划入审计署，不再设立国有重点大型企业监事会。党的十九届四中全会决定提出，要深化国有企业改革，完善中国特色现代企业制度；增强国有经济竞争力、创新力、控制力、影响力和抗风险能力。《中共中央、国务院关于深化国有企业改革的指导意见》等对推进国有企业改革发展作出具体部署。修改公司法，贯彻落实党中央关于深化国有企业改革决策部署，是巩固深化国有企业治理改革成果，完善中国特色现代企业制度，促进国有经济高质量发展的必然要求。

第二，修改公司法，是持续优化营商环境、激发市场创新活力的需要。法治是最好的营商环境。党的十八大以来，党中央、国务院深入推进简政放权、放管结合、优化服务，持续改善营商环境。修改公司法，为方便公司设立、退出提供制度保障，为便利公司融资投资、优化治理机制提供更为丰富的制度性选择，降低公司运行成本，是推动打造市场化、法治化、国际化营商环境，更好激发市场创新动能和活力的客观需要。

第三，修改公司法，是完善产权保护制度、依法加强产权保护的需要。党的十八届四中全会决定提出，健全以公平为核心原则的产权保护制度，加强对各种所有制经济组织和自然人财产权的保护。党的十八届五中全会决定提出，推进产权保护法治化，依法保护各种所有制经济权益。党的十九大把“两个毫不动摇”写入新时代坚持和发展中国特色社会主义的基本方略。修改公司法，健全以企业组织形式和出资人承担责任方式为主的市场主体法律制度，规范公司的组织和行为，完善公司设立、运营、退出各环节相关当事人责任，切实维护公司、股东、债权人的合法权益，是完善产权保护制度、加强产权平等保护的重要内容。

第四，修改公司法，是健全资本市场基础性制度、促进资本市场健康发展的需要。习近平总书记强调，加快资本市场改革，尽快形成融资功能完备、基础制度扎实、市场监管有效、投资者合法权益得到充分保护的多层次市场体系。修改公司法，完善公司资本、公司治理等基础性制度，加强对投资者特别是中小投资者合法权益的保护，是促进资本市场健康发展、有效服务实体经济的重要举措。

同时，现行公司法律制度存在一些与改革和发展不适应、不协调的问题，主要是：有些制度滞后于近年来公司制度的创新实践；我国公司制度发展历程还不长，有些基础性制度尚有欠缺或者规定较为原则；公司监督制衡、责任追究机制不完善，中小投资者和债权人保护需要加强等。十三届全国人大以来，全国人大代表共有548人次提出相关议案、建议，呼吁修改完善公司法；一些专家学者、有关部门等通过多种方式提出修改公司法的意见建议。

各方面普遍认为，在贯彻新发展理念、构建新发展格局、推动高质量发展的过程中，市场经济体制改革不断深入，市场主体积极探索，创造了丰富的公司制度实践经验；司法机关根据公司法和公司纠纷裁判活动，制定出台了一系列司法解释和裁判规则；公司法理论研究不断深入，取得丰硕成果，为公司法修改完善提供了重要的基础和支撑。

二、关于起草工作和把握的几点

公司法修改列入了十三届全国人大常委会立法规划和年度立法工作计划。2019年初，法制工作委员会成立由中央有关部门、部分专家学者参加的公司法修改起草组，并组成工作专班，抓紧开展起草工作。在工作中，充分发挥全国人大代表的作用，通过多种方式听取他们的意见；成立专家组并委托专家学者对重点难点问题开展专题研究；请最高人民法院、国务院国资委、国家市场监管总局、中国证监会总结梳理公司法实施情况，提出修法建议。在上述工作基础上，经多次征求意见、反复修改完善，形成了公司法修订草案征求意见稿，送各省（区、市）人大常委会和中央有关部门共54家单位征求意见。总的认为，征求意见稿贯彻落实党中央一系列部署要求，深入总结实践经验，修改思路清晰，修改内容系统全面、针对性强，重要制度的充实完善符合实际，基本可行。法制工作委员会根据反馈意见对征求意见稿又作了修改完善，形成了公司法（修订草案）。

起草工作注意把握以下几点：一是坚持正确政治方向。贯彻落实党中央决策部署对完善公司法律制度提出的各项任务要求，充分发挥市场在资源配置中的决定性作用，更好发挥政府作用，完善中国特色现代企业制度，为坚持和完善我国基本经济制度提供坚实法制保障。二是在现行公司法基本框架和主要制度的基础上作系统修改。保持现行公司法框架结构、基本制度稳定，维护法律制度的连续性、稳定性，降低制度转换成本；同时，适应经济社会发展变化的新形势新要求，针对实践中的突出问题和制度短板，对现行公司法作系统的修改完善。三是坚持立足国情与借鉴国际经验相结合。从我国实际出发，将实践中行之有效的做法和改革成果上升为法律规范；同时注意吸收借鉴一些国家公司法律制度有益经验，还适应世界银行营商环境评价，作了一些有针对性的修改。四是处理好与其他法律法规的关系。做好公司法修改与民法典、外商投资法、证券法、企业国有资产法以及正在修改的企业破产法等法律的衔接，并合理吸收相关行政法规、规章、司法解释的成果。

三、此次修改公司法的亮点

公司法修改，坚持问题导向，总结实践经验和理论成果，为便利公司投融资、优化治理机制提供更为丰富的制度选择，规范公司的组织和行为，强化各方主体责任，切实维护公司、股东、职工和债权人的合法权益，亮点纷呈，有许多制度创新和解决实际问题的举措。

完善公司资本制度。一是完善注册资本认缴登记制度。规定有限责任公司股东出资期限不得超过五年。根据国家市场监督管理总局的意见，授权国务院制定具体办法，对新法施行前已登记设立且出资期限超过本法规定期限的公司设置过渡期，要求其将出资期限逐步调整至本法规定的期限以内。二是在股份有限公司中引入授权资本制，允许公司章程或者股东会授权董事会发行股份，同时要求发起人全额缴纳股款，既方便公司设立、提高筹资灵活性，又减少注册资本虚化等问题。三是规定股份有限公司可以发行优先股和劣后股、特殊表决权股、转让受限股等类别股。四是允许公司根据章程择一采用面额股或者无面额股。五是允许公司按照规定使用资本公积金弥补亏损。六是规定简易减资制度，允许公司按照规定通过减少注册资本方式弥补亏损，但不得向股东分配，也不得免除股东缴纳出资或者股款的义务。七是增加股东未按期缴纳出资的失权制度、股东认缴出资加速到期制度，规定股权转让后转让人、受让人的责任。

优化公司治理。一是允许公司只设董事会、不设监事会，公司只设董事会的，应当在董事会中设置审计委员会行使监事会职权。二是简化公司组织机构设置。对于规模较小或者股东人数较少的公司，可以不设董事会，设一名董事，不设监事会，设一名监事；对于规模较小或者股东人数较少的有限责任公司，经全体股东一致同意，可以不设监事。三是为更好保障职工参与公司民主管理，规定职工人数三百人以上的公司，除依法设监事会并有公司职工代表的外，其董事会成员中应当有公司职工代表。公司董事会成员中的职工代表可以成为审计委员会成员。四是对股份有限公司董事会审计委员会和上市公司董事会审计委员会的议事方式和表决程序作了规定。

加强股东权利保护。一是强化股东知情权。扩大股东查阅材料的范围，允许有限责任公司股东查阅会计凭证，股份有限公司符合条件的股东查阅会计账簿和会计凭证，允许股东查阅、复制全资子公司相关材料。二是完善股份有限公司股东请求召集临时股东会会议的程序，完善股东临时提案权规定，强化股东民主参与公司治理。三是对于公司的控股股东滥用股东权利，严重损害公司或者其他股东利益的，规定其他股东有权请求公司按照合理的价格收购其股权。四是规定公司减少注册资本，应当按照股东出资或者持有股份的比例相应减少出资额或者股份，法律另有规定、有限责任公司全体股东另有约定或者股份有限公司章程另有规定的除外。五是允许股东对公司全资子公司董事、监事、高级管理人员等提起代表诉讼。

强化控股股东、实际控制人和董事、监事、高级管理人员的责任。一是完善忠实和勤勉义务的具体内容。二是加强对董事、监事、高级管理人员与公司关联交易等的规范，增加关联交易等的报告义务和回避表决规则。三是强化董事、监事、高级管理人员维护公司资本充实的责任。四是规定董事、高级管理人员执行职务存在故意或者重大过失，给他人造成损害的，应当承担赔偿责任。五是规定公司的控股股东、实际控制人不担任公司董事但实际执行公司事务的，对公司负有忠实义务和勤勉义务。六是规定公司的控股股东、实际控制人指示董事、高级管理人员从事损害公司或者股东利益的行为的，与该董事、高级管理人员承担连带责任。

完善公司设立、退出制度。一是新设公司登记一章，明确公司设立登记、变更登记、注销登记的事项和程序；同时要求公司登记机关优化登记流程，提高登记效率和便利化水平。二是充分利用信息化建设成果，明确电子营业执照、通过国家企业信用信息公示系统发布公告、采用电子通信方式召开会议和表决的法律效力。三是扩大可用作出资的财产范围，明确股权、债权可以作价出资。四是放宽一人有限责任公司设立等限制，并允许设立一人股份有限公司。五是完善公司清算制度，明确清算义务人及其责任。六是增加简易注销和强制注销制度，方便公司退出。

完善国家出资公司相关规定。一是设国家出资公司组织机构的特别规定专章，将适用范围由国有独资有限责任公司，扩大到国有独资、国有资本控股的有限责任公司、股份有限公司。二是坚持党对国有企业的领导，强调国家出资公司中中国共产党的组织的领导作用。三是要求国有独资公司董事会成员中外部董事应当过半数。四是规定国有独资公司在董事会中设置由董事组成的审计委员会行使监事会职权的，不设监事会或者监事。五是增加国家出资公司应当依法建立健全内部监督管理和风险控制制度的规定。

完善公司债券相关规定。一是根据《关于国务院机构改革方案的决定》将国家发展改革委企业债券审核职责划入中国证监会的要求，删去国务院授权的部门对公开发行债券注册的规定。二是明确公司债券可以公开发行，也可以非公开发行。三是将发行可转债的公司由上市公司扩大到所有股份有限公司。四是增加债券持有人会议决议效力的规定，增加债券受托管理人相关规定。

公司法修改前后条文对照表

2018 年公司法 （阴影部分为修改或删除的内容）	2023 年公司法 （黑体部分为修改或增加的内容）
目录 第一章　总则 第二章　有限责任公司的设立和组织机构 　第一节　设立 　第二节　组织机构 　第三节　一人有限责任公司的特别规定 　第四节　国有独资公司的特别规定 第三章　有限责任公司的股权转让 第四章　股份有限公司的设立和组织机构 　第一节　设立 　第二节　股东大会 　第三节　董事会、经理 　第四节　监事会 　第五节　上市公司组织机构的特别规定 第五章　股份有限公司的股份发行和转让 　第一节　股份发行	目录 第一章　总则 **第二章　公司登记** 第三章　有限责任公司的设立和组织机构 　第一节　设立 　第二节　组织机构 第四章　有限责任公司的股权转让 第五章　股份有限公司的设立和组织机构 　第一节　设立 　第二节　股东会 　第三节　董事会、经理 　第四节　监事会 　第五节　上市公司组织机构的特别规定 第六章　股份有限公司的股份发行和转让 　第一节　股份发行 　第二节　股份转让 **第七章　国家出资公司组织机构的特别规定**

2018 年公司法 （阴影部分为修改或删除的内容）	2023 年公司法 （黑体部分为修改或增加的内容）
第二节　股份转让 第六章　公司董事、监事、高级管理人员的资格和义务 第七章　公司债券 第八章　公司财务、会计 第九章　公司合并、分立、增资、减资 第十章　公司解散和清算 第十一章　外国公司的分支机构 第十二章　法律责任 第十三章　附则	第八章　公司董事、监事、高级管理人员的资格和义务 第**九**章　公司债券 第**十**章　公司财务、会计 第**十一**章　公司合并、分立、增资、减资 第**十二**章　公司解散和清算 第**十三**章　外国公司的分支机构 第**十四**章　法律责任 第**十五**章　附则
第一章　总则	**第一章　总则**
第一条　为了规范公司的组织和行为，保护公司、股东和债权人的合法权益，维护社会经济秩序，促进社会主义市场经济的发展，制定本法。	**第一条**　为了规范公司的组织和行为，保护公司、股东、**职工**和债权人的合法权益，**完善中国特色现代企业制度，弘扬企业家精神**，维护社会经济秩序，促进社会主义市场经济的发展，**根据宪法**，制定本法。
第二条　本法所称公司是指依照本法在中国境内设立的有限责任公司和股份有限公司。	**第二条**　本法所称公司，是指依照本法在中**华人民共和**国境内设立的有限责任公司和股份有限公司。

2018年公司法 （阴影部分为修改或删除的内容）	2023年公司法 （黑体部分为修改或增加的内容）
第三条第一款 公司是企业法人，有独立的法人财产，享有法人财产权。公司以其全部财产对公司的债务承担责任。 **第五条第二款** 公司的合法权益受法律保护，不受侵犯。	**第三条** 公司是企业法人，有独立的法人财产，享有法人财产权。公司以其全部财产对公司的债务承担责任。 公司的合法权益受法律保护，不受侵犯。
第三条第二款 有限责任公司的股东以其认缴的出资额为限对公司承担责任；股份有限公司的股东以其认购的股份为限对公司承担责任。 **第四条** 公司股东依法享有资产收益、参与重大决策和选择管理者等权利。	**第四条** 有限责任公司的股东以其认缴的出资额为限对公司承担责任；股份有限公司的股东以其认购的股份为限对公司承担责任。 公司股东**对公司**依法享有资产收益、参与重大决策和选择管理者等权利。
第十一条 设立公司必须依法制定公司章程。公司章程对公司、股东、董事、监事、高级管理人员具有约束力。	**第五条** 设立公司**应当**依法制定公司章程。公司章程对公司、股东、董事、监事、高级管理人员具有约束力。
	第六条 公司应当有自己的名称。公司名称应当符合国家有关规定。 **公司的名称权受法律保护。**

2018 年公司法 （阴影部分为修改或删除的内容）	2023 年公司法 （黑体部分为修改或增加的内容）
第八条 依照本法设立的有限责任公司，必须在公司名称中标明有限责任公司或者有限公司字样。 依照本法设立的股份有限公司，必须在公司名称中标明股份有限公司或者股份公司字样。	**第七条** 依照本法设立的有限责任公司，**应当**在公司名称中标明有限责任公司或者有限公司字样。 依照本法设立的股份有限公司，**应当**在公司名称中标明股份有限公司或者股份公司字样。
第十条 公司以其主要办事机构所在地为住所。	**第八条** 公司以其主要办事机构所在地为住所。
第十二条 公司的经营范围由公司章程规定，并依法登记。公司可以修改公司章程，改变经营范围，但是应当办理变更登记。 公司的经营范围中属于法律、行政法规规定须经批准的项目，应当依法经过批准。	**第九条** 公司的经营范围由公司章程规定。公司可以修改公司章程，**变更**经营范围。 公司的经营范围中属于法律、行政法规规定须经批准的项目，应当依法经过批准。

2018 年公司法 （阴影部分为修改或删除的内容）	2023 年公司法 （黑体部分为修改或增加的内容）
第十三条 公司法定代表人依照公司章程的规定，由董事长、执行董事或者经理担任，并依法登记。公司法定代表人变更，应当办理变更登记。	**第十条** 公司**的**法定代表人**按**照公司章程的规定，由**代表公司执行公司事务的**董事或者经理担任。 **担任法定代表人的董事或者经理辞任的，视为同时辞去法定代表人。** **法定代表人辞任的，公司应当在法定代表人辞任之日起三十日内确定新的法定代表人。**
	第十一条 法定代表人以公司名义从事的民事活动，其法律后果由公司承受。 **公司章程或者股东会对法定代表人职权的限制，不得对抗善意相对人。** **法定代表人因执行职务造成他人损害的，由公司承担民事责任。公司承担民事责任后，依照法律或者公司章程的规定，可以向有过错的法定代表人追偿。**

2018 年公司法 （阴影部分为修改或删除的内容）	2023 年公司法 （黑体部分为修改或增加的内容）
第九条 有限责任公司变更为股份有限公司，应当符合本法规定的股份有限公司的条件。股份有限公司变更为有限责任公司，应当符合本法规定的有限责任公司的条件。 有限责任公司变更为股份有限公司的，或者股份有限公司变更为有限责任公司的，公司变更前的债权、债务由变更后的公司承继。	**第十二条** 有限责任公司变更为股份有限公司，应当符合本法规定的股份有限公司的条件。股份有限公司变更为有限责任公司，应当符合本法规定的有限责任公司的条件。 有限责任公司变更为股份有限公司的，或者股份有限公司变更为有限责任公司的，公司变更前的债权、债务由变更后的公司承继。
第十四条 公司可以设立分公司。设立分公司，应当向公司登记机关申请登记，领取营业执照。分公司不具有法人资格，其民事责任由公司承担。 公司可以设立子公司，子公司具有法人资格，依法独立承担民事责任。	**第十三条** 公司可以设立子公司。子公司具有法人资格，依法独立承担民事责任。 公司可以设立分公司。分公司不具有法人资格，其民事责任由公司承担。 （条款顺序变更，除删除内容外，其他内容无实质变化）
第十五条 公司可以向其他企业投资；但是，除法律另有规定外，不得成为对所投资企业的债务承担连带责任的出资人。	**第十四条** 公司可以向其他企业投资。 法律规定**公司**不得成为对所投资企业的债务承担连带责任的出资人**的，从其规定**。

2018 年公司法 （阴影部分为修改或删除的内容）	2023 年公司法 （黑体部分为修改或增加的内容）
第十六条 公司向其他企业投资或者为他人提供担保，依照公司章程的规定，由董事会或者股东会、股东大会决议；公司章程对投资或者担保的总额及单项投资或者担保的数额有限额规定的，不得超过规定的限额。 公司为公司股东或者实际控制人提供担保的，必须经股东会或者股东大会决议。 前款规定的股东或者受前款规定的实际控制人支配的股东，不得参加前款规定事项的表决。该项表决由出席会议的其他股东所持表决权的过半数通过。	**第十五条** 公司向其他企业投资或者为他人提供担保，**按**照公司章程的规定，由董事会或者股东会决议；公司章程对投资或者担保的总额及单项投资或者担保的数额有限额规定的，不得超过规定的限额。 公司为公司股东或者实际控制人提供担保的，**应当**经股东会决议。 前款规定的股东或者受前款规定的实际控制人支配的股东，不得参加前款规定事项的表决。该项表决由出席会议的其他股东所持表决权的过半数通过。
第十七条 公司必须保护职工的合法权益，依法与职工签订劳动合同，参加社会保险，加强劳动保护，实现安全生产。 公司应当采用多种形式，加强公司职工的职业教育和岗位培训，提高职工素质。	**第十六条** 公司**应当**保护职工的合法权益，依法与职工签订劳动合同，参加社会保险，加强劳动保护，实现安全生产。 公司应当采用多种形式，加强公司职工的职业教育和岗位培训，提高职工素质。

2018 年公司法 （阴影部分为修改或删除的内容）	2023 年公司法 （黑体部分为修改或增加的内容）
第十八条　公司职工依照《中华人民共和国工会法》组织工会，开展工会活动，维护职工合法权益。公司应当为本公司工会提供必要的活动条件。公司工会代表职工就职工的劳动报酬、工作时间、福利、保险和劳动安全卫生等事项依法与公司签订集体合同。 公司依照宪法和有关法律的规定，通过职工代表大会或者其他形式，实行民主管理。 公司研究决定改制以及经营方面的重大问题、制定重要的规章制度时，应当听取公司工会的意见，并通过职工代表大会或者其他形式听取职工的意见和建议。	**第十七条**　公司职工依照《中华人民共和国工会法》组织工会，开展工会活动，维护职工合法权益。公司应当为本公司工会提供必要的活动条件。公司工会代表职工就职工的劳动报酬、工作时间、**休息休假**、劳动安全卫生和**保险福利**等事项依法与公司签订集体合同。 公司依照宪法和有关法律的规定，**建立健全以职工代表大会为基本形式的民主管理制度**，通过职工代表大会或者其他形式，实行民主管理。 公司研究决定改制、**解散、申请破产**以及经营方面的重大问题、制定重要的规章制度时，应当听取公司工会的意见，并通过职工代表大会或者其他形式听取职工的意见和建议。
第十九条　在公司中，根据中国共产党章程的规定，设立中国共产党的组织，开展党的活动。公司应当为党组织的活动提供必要条件。	**第十八条**　在公司中，根据中国共产党章程的规定，设立中国共产党的组织，开展党的活动。公司应当为党组织的活动提供必要条件。

2018 年公司法 （阴影部分为修改或删除的内容）	2023 年公司法 （黑体部分为修改或增加的内容）
第五条第一款 公司从事经营活动，必须遵守法律、行政法规，遵守社会公德、商业道德，诚实守信，接受政府和社会公众的监督，承担社会责任。	**第十九条** 公司从事经营活动，**应当**遵守法律法规，遵守社会公德、商业道德，诚实守信，接受政府和社会公众的监督。 **第二十条 公司从事经营活动，应当充分考虑公司职工、消费者等利益相关者的利益以及生态环境保护等社会公共利益，**承担社会责任。 **国家鼓励公司参与社会公益活动，公布社会责任报告。**
第二十条第一款、第二款 公司股东应当遵守法律、行政法规和公司章程，依法行使股东权利，不得滥用股东权利损害公司或者其他股东的利益；不得滥用公司法人独立地位和股东有限责任损害公司债权人的利益。 公司股东滥用股东权利给公司或者其他股东造成损失的，应当依法承担赔偿责任。	**第二十一条** 公司股东应当遵守法律、行政法规和公司章程，依法行使股东权利，不得滥用股东权利损害公司或者其他股东的利益。 公司股东滥用股东权利给公司或者其他股东造成损失的，应当承担赔偿责任。

2018 年公司法 （阴影部分为修改或删除的内容）	2023 年公司法 （黑体部分为修改或增加的内容）
第二十一条 公司的控股股东、实际控制人、董事、监事、高级管理人员不得利用其关联关系损害公司利益。 违反前款规定，给公司造成损失的，应当承担赔偿责任。	**第二十二条** 公司的控股股东、实际控制人、董事、监事、高级管理人员不得利用关联关系损害公司利益。 违反前款规定，给公司造成损失的，应当承担赔偿责任。
第二十条第三款 公司股东滥用公司法人独立地位和股东有限责任，逃避债务，严重损害公司债权人利益的，应当对公司债务承担连带责任。 **第六十三条** 一人有限责任公司的股东不能证明公司财产独立于股东自己的财产的，应当对公司债务承担连带责任。	**第二十三条** 公司股东滥用公司法人独立地位和股东有限责任，逃避债务，严重损害公司债权人利益的，应当对公司债务承担连带责任。 **股东利用其控制的两个以上公司实施前款规定行为的，各公司应当对任一公司的债务承担连带责任。** **只有一个股东的公司**，股东不能证明公司财产独立于股东自己的财产的，应当对公司债务承担连带责任。
	第二十四条 公司股东会、董事会、监事会召开会议和表决可以采用电子通信方式，公司章程另有规定的除外。

2018 年公司法 （阴影部分为修改或删除的内容）	2023 年公司法 （黑体部分为修改或增加的内容）
第二十二条 公司股东会或者股东大会、董事会的决议内容违反法律、行政法规的无效。 股东会或者股东大会、董事会的会议召集程序、表决方式违反法律、行政法规或者公司章程，或者决议内容违反公司章程的，股东可以自决议作出之日起六十日内，请求人民法院撤销。 股东依照前款规定提起诉讼的，人民法院可以应公司的请求，要求股东提供相应担保。 公司根据股东会或者股东大会、董事会决议已办理变更登记的，人民法院宣告该决议无效或者撤销该决议后，公司应当向公司登记机关申请撤销变更登记。	**第二十五条** 公司股东会、董事会的决议内容违反法律、行政法规的无效。 **第二十六条** 公司股东会、董事会的会议召集程序、表决方式违反法律、行政法规或者公司章程，或者决议内容违反公司章程的，股东自决议作出之日起六十日内，可以请求人民法院撤销。**但是，股东会、董事会的会议召集程序或者表决方式仅有轻微瑕疵，对决议未产生实质影响的除外。** **未被通知参加股东会会议的股东自知道或者应当知道股东会决议作出之日起六十日内，可以请求人民法院撤销；自决议作出之日起一年内没有行使撤销权的，撤销权消灭。** **第二十七条 有下列情形之一的，公司股东会、董事会的决议不成立：** **（一）未召开股东会、董事会会议作出决议；（二）股东会、董事会会议未对决议事项进行表决；**

2018 年公司法 (阴影部分为修改或删除的内容)	2023 年公司法 (黑体部分为修改或增加的内容)
	(三)出席会议的人数或者所持表决权数未达到本法或者公司章程规定的人数或者所持表决权数; **(四)同意决议事项的人数或者所持表决权数未达到本法或者公司章程规定的人数或者所持表决权数。** **第二十八条** 公司股东会、董事会决议被人民法院宣告无效、撤销或者**确认不成立**的,公司应当向公司登记机关申请撤销根据该决议已办理的登记。 **股东会、董事会决议被人民法院宣告无效、撤销或者确认不成立的,公司根据该决议与善意相对人形成的民事法律关系不受影响。** (旧法第二十二条经修改后,重要内容分别调整至新法第二十五条至第二十八条)

2018 年公司法 (阴影部分为修改或删除的内容)	2023 年公司法 (黑体部分为修改或增加的内容)
	第二章　公司登记
第六条第一款、第二款 设立公司,应当依法向公司登记机关申请设立登记。符合本法规定的设立条件的,由公司登记机关分别登记为有限责任公司或者股份有限公司;不符合本法规定的设立条件的,不得登记为有限责任公司或者股份有限公司。 法律、行政法规规定设立公司必须报经批准的,应当在公司登记前依法办理批准手续。	**第二十九条**　设立公司,应当依法向公司登记机关申请设立登记。 法律、行政法规规定设立公司必须报经批准的,应当在公司登记前依法办理批准手续。
第二十九条　股东认足公司章程规定的出资后,由全体股东指定的代表或者共同委托的代理人向公司登记机关报送公司登记申请书、公司章程等文件,申请设立登记。	**第三十条**　申请设立公司,**应当提交设立**登记申请书、公司章程等文件,**提交的相关材料应当真实、合法和有效。** **申请材料不齐全或者不符合法定形式的,公司登记机关应当一次性告知需要补正的材料。**

2018 年公司法 (阴影部分为修改或删除的内容)	2023 年公司法 (黑体部分为修改或增加的内容)
第六条第一款　设立公司,应当依法向公司登记机关申请设立登记。符合本法规定的设立条件的,由公司登记机关分别登记为有限责任公司或者股份有限公司;不符合本法规定的设立条件的,不得登记为有限责任公司或者股份有限公司。	**第三十一条　申请**设立公司,符合本法规定的设立条件的,由公司登记机关分别登记为有限责任公司或者股份有限公司;不符合本法规定的设立条件的,不得登记为有限责任公司或者股份有限公司。
第六条第三款　公众可以向公司登记机关申请查询公司登记事项,公司登记机关应当提供查询服务。	**第三十二条　公司登记事项包括:** **(一)名称;** **(二)住所;** **(三)注册资本;** **(四)经营范围;** **(五)法定代表人的姓名;** **(六)有限责任公司股东、股份有限公司发起人的姓名或者名称。** **公司登记机关应当将前款规定的公司登记事项通过国家企业信用信息公示系统向社会公示。**

2018 年公司法 (阴影部分为修改或删除的内容)	2023 年公司法 (黑体部分为修改或增加的内容)
第七条第一款、第二款 依法设立的公司,由公司登记机关发给公司营业执照。公司营业执照签发日期为公司成立日期。 公司营业执照应当载明公司的名称、住所、注册资本、经营范围、法定代表人姓名等事项。	**第三十三条** 依法设立的公司,由公司登记机关发给公司营业执照。公司营业执照签发日期为公司成立日期。 公司营业执照应当载明公司的名称、住所、注册资本、经营范围、法定代表人姓名等事项。 **公司登记机关可以发给电子营业执照。电子营业执照与纸质营业执照具有同等法律效力。**
第三十二条第三款 公司应当将股东的姓名或者名称向公司登记机关登记;登记事项发生变更的,应当办理变更登记。未经登记或者变更登记的,不得对抗第三人。	**第三十四条** **公司**登记事项发生变更的,应当**依法**办理变更登记。 **公司登记事项**未经登记或者**未经**变更登记,不得对抗**善意相对人**。

2018 年公司法 （阴影部分为修改或删除的内容）	2023 年公司法 （黑体部分为修改或增加的内容）
	第三十五条　公司申请变更登记，应当向公司登记机关提交公司法定代表人签署的变更登记申请书、依法作出的变更决议或者决定等文件。 **公司变更登记事项涉及修改公司章程的，应当提交修改后的公司章程。** **公司变更法定代表人的，变更登记申请书由变更后的法定代表人签署。**
第七条第三款　公司营业执照记载的事项发生变更的，公司应当依法办理变更登记，由公司登记机关换发营业执照。	**第三十六条**　公司营业执照记载的事项发生变更的，公司办理变更登记后，由公司登记机关换发营业执照。
	第三十七条　公司因解散、被宣告破产或者其他法定事由需要终止的，应当依法向公司登记机关申请注销登记，由公司登记机关公告公司终止。
第十四条第一款　公司可以设立分公司。设立分公司，应当向公司登记机关申请登记，领取营业执照。分公司不具有法人资格，其民事责任由公司承担。	**第三十八条**　公司设立分公司，应当向公司登记机关申请登记，领取营业执照。

2018 年公司法 (阴影部分为修改或删除的内容)	2023 年公司法 (黑体部分为修改或增加的内容)
第一百九十八条　违反本法规定,虚报注册资本、提交虚假材料或者采取其他欺诈手段隐瞒重要事实取得公司登记的,由公司登记机关责令改正,对虚报注册资本的公司,处以虚报注册资本金额百分之五以上百分之十五以下的罚款;对提交虚假材料或者采取其他欺诈手段隐瞒重要事实的公司,处以五万元以上五十万元以下的罚款;情节严重的,撤销公司登记或者吊销营业执照。	第三十九条　虚报注册资本、提交虚假材料或者采取其他欺诈手段隐瞒重要事实取得公司设立登记的,公司登记机关**应当依照法律、行政法规的规定**予以撤销。
	第四十条　公司应当按照规定通过国家企业信用信息公示系统公示下列事项: **(一)有限责任公司股东认缴和实缴的出资额、出资方式和出资日期,股份有限公司发起人认购的股份数;** **(二)有限责任公司股东、股份有限公司发起人的股权、股份变更信息;** **(三)行政许可取得、变更、注销等信息;** **(四)法律、行政法规规定的其他信息。** **公司应当确保前款公示信息真实、准确、完整。**

2018 年公司法 （阴影部分为修改或删除的内容）	2023 年公司法 （黑体部分为修改或增加的内容）
	第四十一条　公司登记机关应当优化公司登记办理流程，提高公司登记效率，加强信息化建设，推行网上办理等便捷方式，提升公司登记便利化水平。 **国务院市场监督管理部门根据本法和有关法律、行政法规的规定，制定公司登记注册的具体办法。**
第二章　有限责任公司的设立和组织机构	第三章　有限责任公司的设立和组织机构
第一节　设立	第一节　设立
第二十四条　有限责任公司由五十个以下股东出资设立。	第四十二条　有限责任公司由**一个以上**五十个以下股东出资设立。
	第四十三条　有限责任公司设立时的股东可以签订设立协议，明确各自在公司设立过程中的权利和义务。

2018 年公司法 (阴影部分为修改或删除的内容)	2023 年公司法 (黑体部分为修改或增加的内容)
	第四十四条　有限责任公司设立时的股东为设立公司从事的民事活动，其法律后果由公司承受。 **公司未成立的，其法律后果由公司设立时的股东承受；设立时的股东为二人以上的，享有连带债权，承担连带债务。** **设立时的股东为设立公司以自己的名义从事民事活动产生的民事责任，第三人有权选择请求公司或者公司设立时的股东承担。** **设立时的股东因履行公司设立职责造成他人损害的，公司或者无过错的股东承担赔偿责任后，可以向有过错的股东追偿。**
第二十三条　设立有限责任公司，应当具备下列条件： (一)股东符合法定人数； (二)有符合公司章程规定的全体股东认缴的出资额； (三)股东共同制定公司章程； (四)有公司名称，建立符合有限责任公司要求的组织机构； (五)有公司住所。	**第四十五条**　设立有限责任公司，应当**由**股东共同制定公司章程。

2018 年公司法 (阴影部分为修改或删除的内容)	2023 年公司法 (黑体部分为修改或增加的内容)
第二十五条 有限责任公司章程应当载明下列事项: (一)公司名称和住所; (二)公司经营范围; (三)公司注册资本; (四)股东的姓名或者名称; (五)股东的出资方式、出资额和出资时间; (六)公司的机构及其产生办法、职权、议事规则; (七)公司法定代表人; (八)股东会会议认为需要规定的其他事项。 股东应当在公司章程上签名、盖章。	**第四十六条** 有限责任公司章程应当载明下列事项: (一)公司名称和住所; (二)公司经营范围; (三)公司注册资本; (四)股东的姓名或者名称; (五)股东的出资额、出资方式和出资**日期**; (六)公司的机构及其产生办法、职权、议事规则; (七)公司法定代表人**的产生、变更办法**; (八)股东会认为需要规定的其他事项。 股东应当在公司章程上签名**或者**盖章。
第二十六条 有限责任公司的注册资本为在公司登记机关登记的全体股东认缴的出资额。 法律、行政法规以及国务院决定对有限责任公司注册资本实缴、注册资本最低限额另有规定的,从其规定。	**第四十七条** 有限责任公司的注册资本为在公司登记机关登记的全体股东认缴的出资额。**全体股东认缴的出资额由股东按照公司章程的规定自公司成立之日起五年内缴足。** 法律、行政法规以及国务院决定对有限责任公司注册资本实缴、注册资本最低限额、**股东出资期限**另有规定的,从其规定。

2018 年公司法 （阴影部分为修改或删除的内容）	2023 年公司法 （黑体部分为修改或增加的内容）
第二十七条　股东可以用货币出资，也可以用实物、知识产权、土地使用权等可以用货币估价并可以依法转让的非货币财产作价出资；但是，法律、行政法规规定不得作为出资的财产除外。 对作为出资的非货币财产应当评估作价，核实财产，不得高估或者低估作价。法律、行政法规对评估作价有规定的，从其规定。	**第四十八条**　股东可以用货币出资，也可以用实物、知识产权、土地使用权、**股权、债权**等可以用货币估价并可以依法转让的非货币财产作价出资；但是，法律、行政法规规定不得作为出资的财产除外。 对作为出资的非货币财产应当评估作价，核实财产，不得高估或者低估作价。法律、行政法规对评估作价有规定的，从其规定。
第二十八条　股东应当按期足额缴纳公司章程中规定的各自所认缴的出资额。股东以货币出资的，应当将货币出资足额存入有限责任公司在银行开设的账户；以非货币财产出资的，应当依法办理其财产权的转移手续。 股东不按照前款规定缴纳出资的，除应当向公司足额缴纳外，还应当向已按期足额缴纳出资的股东承担违约责任。	**第四十九条**　股东应当按期足额缴纳公司章程规定的各自所认缴的出资额。 股东以货币出资的，应当将货币出资足额存入有限责任公司在银行开设的账户；以非货币财产出资的，应当依法办理其财产权的转移手续。 股东**未按期足额**缴纳出资的，除应当向公司足额缴纳外，还应当对**给公司造成的损失承担赔偿责任**。

2018 年公司法 （阴影部分为修改或删除的内容）	2023 年公司法 （黑体部分为修改或增加的内容）
第三十条　有限责任公司成立后，发现作为设立公司出资的非货币财产的实际价额显著低于公司章程所定价额的，应当由交付该出资的股东补足其差额；公司设立时的其他股东承担连带责任。	第五十条　有限责任公司**设立时，股东未按照公司章程规定实际缴纳出资，或者实际**出资的非货币财产的实际价额显著低于**所认缴的出资额的，**设立时的其他股东**与该股东在出资不足的范围内**承担连带责任。
	第五十一条　有限责任公司成立后，董事会应当对股东的出资情况进行核查，发现股东未按期足额缴纳公司章程规定的出资的，应当由公司向该股东发出书面催缴书，催缴出资。 **未及时履行前款规定的义务，给公司造成损失的，负有责任的董事应当承担赔偿责任。**

2018 年公司法 (阴影部分为修改或删除的内容)	2023 年公司法 (黑体部分为修改或增加的内容)
	第五十二条　股东未按照公司章程规定的出资日期缴纳出资,公司依照前条第一款规定发出书面催缴书催缴出资的,可以载明缴纳出资的宽限期;宽限期自公司发出催缴书之日起,不得少于六十日。宽限期届满,股东仍未履行出资义务的,公司经董事会决议可以向该股东发出失权通知,通知应当以书面形式发出。自通知发出之日起,该股东丧失其未缴纳出资的股权。 **依照前款规定丧失的股权应当依法转让,或者相应减少注册资本并注销该股权;六个月内未转让或者注销的,由公司其他股东按照其出资比例足额缴纳相应出资。** **股东对失权有异议的,应当自接到失权通知之日起三十日内,向人民法院提起诉讼。**
第三十五条　公司成立后,股东不得抽逃出资。	**第五十三条**　公司成立后,股东不得抽逃出资。 **违反前款规定的,股东应当返还抽逃的出资;给公司造成损失的,负有责任的董事、监事、高级管理人员应当与该股东承担连带赔偿责任。**

2018 年公司法 （阴影部分为修改或删除的内容）	2023 年公司法 （黑体部分为修改或增加的内容）
	第五十四条　公司不能清偿到期债务的，公司或者已到期债权的债权人有权要求已认缴出资但未届出资期限的股东提前缴纳出资。
第三十一条　有限责任公司成立后，应当向股东签发出资证明书。 出资证明书应当载明下列事项： （一）公司名称； （二）公司成立日期； （三）公司注册资本； （四）股东的姓名或者名称、缴纳的出资额和出资日期； （五）出资证明书的编号和核发日期。 出资证明书由公司盖章。	第五十五条　有限责任公司成立后，应当向股东签发出资证明书，**记载**下列事项： （一）公司名称； （二）公司成立日期； （三）公司注册资本； （四）股东的姓名或者名称、**认缴和实缴**的出资额、出资方式和出资日期； （五）出资证明书的编号和核发日期。 出资证明书**由法定代表人签名，并**由公司盖章。

2018 年公司法 （阴影部分为修改或删除的内容）	2023 年公司法 （黑体部分为修改或增加的内容）
第三十二条第一款、第二款　有限责任公司应当置备股东名册，记载下列事项： （一）股东的姓名或者名称及住所； （二）股东的出资额； （三）出资证明书编号。 记载于股东名册的股东，可以依股东名册主张行使股东权利。	**第五十六条**　有限责任公司应当置备股东名册，记载下列事项： （一）股东的姓名或者名称及住所； （二）股东**认缴和实缴**的出资额、**出资方式和出资日期**； （三）出资证明书编号； **（四）取得和丧失股东资格的日期。** 记载于股东名册的股东，可以依股东名册主张行使股东权利。

2018 年公司法 （阴影部分为修改或删除的内容）	2023 年公司法 （黑体部分为修改或增加的内容）
第三十三条　股东有权查阅、复制公司章程、股东会会议记录、董事会会议决议、监事会会议决议和财务会计报告。 股东可以要求查阅公司会计账簿。股东要求查阅公司会计账簿的，应当向公司提出书面请求，说明目的。公司有合理根据认为股东查阅会计账簿有不正当目的，可能损害公司合法利益的，可以拒绝提供查阅，并应当自股东提出书面请求之日起十五日内书面答复股东并说明理由。公司拒绝提供查阅的，股东可以请求人民法院要求公司提供查阅。	**第五十七条**　股东有权查阅、复制公司章程、**股东名册**、股东会会议记录、董事会会议决议、监事会会议决议和财务会计报告。 股东可以要求查阅公司会计账簿、**会计凭证**。股东要求查阅公司会计账簿、**会计凭证**的，应当向公司提出书面请求，说明目的。公司有合理根据认为股东查阅会计账簿、**会计凭证**有不正当目的，可能损害公司合法利益的，可以拒绝提供查阅，并应当自股东提出书面请求之日起十五日内书面答复股东并说明理由。公司拒绝提供查阅的，股东可以**向**人民法院**提起诉讼**。 **股东查阅前款规定的材料，可以委托会计师事务所、律师事务所等中介机构进行。** **股东及其委托的会计师事务所、律师事务所等中介机构查阅、复制有关材料，应当遵守有关保护国家秘密、商业秘密、个人隐私、个人信息等法律、行政法规的规定。** **股东要求查阅、复制公司全资子公司相关材料的，适用前四款的规定。**

2018 年公司法 (阴影部分为修改或删除的内容)	2023 年公司法 (黑体部分为修改或增加的内容)
第二节　组织机构	第二节　组织机构
第三十六条　有限责任公司股东会由全体股东组成。股东会是公司的权力机构,依照本法行使职权。	**第五十八条**　有限责任公司股东会由全体股东组成。股东会是公司的权力机构,依照本法行使职权。
第三十七条　股东会行使下列职权: (一)决定公司的经营方针和投资计划; (二)选举和更换非由职工代表担任的董事、监事,决定有关董事、监事的报酬事项; (三)审议批准董事会的报告; (四)审议批准监事会或者监事的报告; (五)审议批准公司的年度财务预算方案、决算方案; (六)审议批准公司的利润分配方案和弥补亏损方案; (七)对公司增加或者减少注册资本作出决议; (八)对发行公司债券作出决议; (九)对公司合并、分立、解散、清算或者变更公司形式作出决议; (十)修改公司章程;	**第五十九条**　股东会行使下列职权: (一)选举和更换董事、监事,决定有关董事、监事的报酬事项; (二)审议批准董事会的报告; (三)审议批准监事会的报告; (四)审议批准公司的利润分配方案和弥补亏损方案; (五)对公司增加或者减少注册资本作出决议; (六)对发行公司债券作出决议; (七)对公司合并、分立、解散、清算或者变更公司形式作出决议; (八)修改公司章程;

2018 年公司法 (阴影部分为修改或删除的内容)	2023 年公司法 (黑体部分为修改或增加的内容)
(十一)公司章程规定的其他职权。 对前款所列事项股东以书面形式一致表示同意的,可以不召开股东会会议,直接作出决定,并由全体股东在决定文件上签名、盖章。	(九)公司章程规定的其他职权。 **股东会可以授权董事会对发行公司债券作出决议。** 对**本条第一**款所列事项股东以书面形式一致表示同意的,可以不召开股东会会议,直接作出决定,并由全体股东在决定文件上签名**或者**盖章。 (本条因删除两项致项号变更)
第六十一条 一人有限责任公司不设股东会。股东作出本法第三十七条第一款所列决定时,应当采用书面形式,并由股东签名后置备于公司。	**第六十条 只有一个股东的**有限责任公司不设股东会。股东作出**前条第一款**所列**事项的**决定时,应当采用书面形式,并由股东签名**或者盖章**后置备于公司。
第三十八条 首次股东会会议由出资最多的股东召集和主持,依照本法规定行使职权。	**第六十一条** 首次股东会会议由出资最多的股东召集和主持,依照本法规定行使职权。

2018 年公司法 (阴影部分为修改或删除的内容)	2023 年公司法 (黑体部分为修改或增加的内容)
第三十九条 股东会会议分为定期会议和临时会议。 定期会议应当依照公司章程的规定按时召开。代表十分之一以上表决权的股东,三分之一以上的董事,监事会或者不设监事会的公司的监事提议召开临时会议的,应当召开临时会议。	**第六十二条** 股东会会议分为定期会议和临时会议。 定期会议应当**按**照公司章程的规定按时召开。代表十分之一以上表决权的股东、三分之一以上的董事或者监事会提议召开临时会议的,应当召开临时会议。
第四十条 有限责任公司设立董事会的,股东会会议由董事会召集,董事长主持;董事长不能履行职务或者不履行职务的,由副董事长主持;副董事长不能履行职务或者不履行职务的,由半数以上董事共同推举一名董事主持。 有限责任公司不设董事会的,股东会会议由执行董事召集和主持。 董事会或者执行董事不能履行或者不履行召集股东会会议职责的,由监事会或者不设监事会的公司的监事召集和主持;监事会或者监事不召集和主持的,代表十分之一以上表决权的股东可以自行召集和主持。	**第六十三条** 股东会会议由董事会召集,董事长主持;董事长不能履行职务或者不履行职务的,由副董事长主持;副董事长不能履行职务或者不履行职务的,由**过半数的**董事共同推举一名董事主持。 董事会不能履行或者不履行召集股东会会议职责的,由监事会召集和主持;监事会不召集和主持的,代表十分之一以上表决权的股东可以自行召集和主持。

2018 年公司法（阴影部分为修改或删除的内容）	2023 年公司法（黑体部分为修改或增加的内容）
第四十一条 召开股东会会议，应当于会议召开十五日前通知全体股东；但是，公司章程另有规定或者全体股东另有约定的除外。 股东会应当对所议事项的决定作成会议记录，出席会议的股东应当在会议记录上签名。	**第六十四条** 召开股东会会议，应当于会议召开十五日前通知全体股东；但是，公司章程另有规定或者全体股东另有约定的除外。 股东会应当对所议事项的决定作成会议记录，出席会议的股东应当在会议记录上签名**或者盖章**。
第四十二条 股东会会议由股东按照出资比例行使表决权；但是，公司章程另有规定的除外。	**第六十五条** 股东会会议由股东按照出资比例行使表决权；但是，公司章程另有规定的除外。
第四十三条 股东会的议事方式和表决程序，除本法有规定的外，由公司章程规定。 股东会会议作出修改公司章程、增加或者减少注册资本的决议，以及公司合并、分立、解散或者变更公司形式的决议，必须经代表三分之二以上表决权的股东通过。	**第六十六条** 股东会的议事方式和表决程序，除本法有规定的外，由公司章程规定。 **股东会作出决议，应当经代表过半数表决权的股东通过。** 股东会作出修改公司章程、增加或者减少注册资本的决议，以及公司合并、分立、解散或者变更公司形式的决议，**应当**经代表三分之二以上表决权的股东通过。

2018年公司法 （阴影部分为修改或删除的内容）	2023年公司法 （黑体部分为修改或增加的内容）
第四十六条　董事会对股东会负责，行使下列职权： （一）召集股东会会议，并向股东会报告工作； （二）执行股东会的决议； （三）决定公司的经营计划和投资方案； （四）制订公司的年度财务预算方案、决算方案； （五）制订公司的利润分配方案和弥补亏损方案； （六）制订公司增加或者减少注册资本以及发行公司债券的方案； （七）制订公司合并、分立、解散或者变更公司形式的方案； （八）决定公司内部管理机构的设置； （九）决定聘任或者解聘公司经理及其报酬事项，并根据经理的提名决定聘任或者解聘公司副经理、财务负责人及其报酬事项； （十）制定公司的基本管理制度； （十一）公司章程规定的其他职权。	**第六十七条　有限责任公司设董事会，本法第七十五条另有规定的除外。** 董事会行使下列职权： （一）召集股东会会议，并向股东会报告工作； （二）执行股东会的决议； （三）决定公司的经营计划和投资方案； （四）制订公司的利润分配方案和弥补亏损方案； （五）制订公司增加或者减少注册资本以及发行公司债券的方案； （六）制订公司合并、分立、解散或者变更公司形式的方案； （七）决定公司内部管理机构的设置； （八）决定聘任或者解聘公司经理及其报酬事项，并根据经理的提名决定聘任或者解聘公司副经理、财务负责人及其报酬事项； （九）制定公司的基本管理制度； （十）公司章程规定或者**股东会授予**的其他职权。

2018 年公司法 （阴影部分为修改或删除的内容）	2023 年公司法 （黑体部分为修改或增加的内容）
	公司章程对董事会职权的限制不得对抗善意相对人。 （本条第一款前半句规定于旧法第四十四条，因删除一项致项号变更）
第四十四条　有限责任公司设董事会，其成员为三人至十三人；但是，本法第五十条另有规定的除外。 两个以上的国有企业或者两个以上的其他国有投资主体投资设立的有限责任公司，其董事会成员中应当有公司职工代表；其他有限责任公司董事会成员中可以有公司职工代表。董事会中的职工代表由公司职工通过职工代表大会、职工大会或者其他形式民主选举产生。 董事会设董事长一人，可以设副董事长。董事长、副董事长的产生办法由公司章程规定。	**第六十八条**　有限责任公司董事会成员为三人**以上**，其成员中可以有公司职工代表。**职工人数三百人以上的有限责任公司，除依法设监事会并有公司职工代表的外**，其董事会成员中应当有公司职工代表。董事会中的职工代表由公司职工通过职工代表大会、职工大会或者其他形式民主选举产生。 董事会设董事长一人，可以设副董事长。董事长、副董事长的产生办法由公司章程规定。

2018 年公司法 (阴影部分为修改或删除的内容)	2023 年公司法 (黑体部分为修改或增加的内容)
	第六十九条　有限责任公司可以按照公司章程的规定在董事会中设置由董事组成的审计委员会,行使本法规定的监事会的职权,不设监事会或者监事。公司董事会成员中的职工代表可以成为审计委员会成员。
第四十五条　董事任期由公司章程规定,但每届任期不得超过三年。董事任期届满,连选可以连任。 董事任期届满未及时改选,或者董事在任期内辞职导致董事会成员低于法定人数的,在改选出的董事就任前,原董事仍应当依照法律、行政法规和公司章程的规定,履行董事职务。	**第七十条**　董事任期由公司章程规定,但每届任期不得超过三年。董事任期届满,连选可以连任。 董事任期届满未及时改选,或者董事在任期内辞任导致董事会成员低于法定人数的,在改选出的董事就任前,原董事仍应当依照法律、行政法规和公司章程的规定,履行董事职务。 **董事辞任的,应当以书面形式通知公司,公司收到通知之日辞任生效,但存在前款规定情形的,董事应当继续履行职务。**

2018 年公司法 （阴影部分为修改或删除的内容）	2023 年公司法 （黑体部分为修改或增加的内容）
	第七十一条　股东会可以决议解任董事，决议作出之日解任生效。 **无正当理由，在任期届满前解任董事的，该董事可以要求公司予以赔偿。**
第四十七条　董事会会议由董事长召集和主持；董事长不能履行职务或者不履行职务的，由副董事长召集和主持；副董事长不能履行职务或者不履行职务的，由半数以上董事共同推举一名董事召集和主持。	**第七十二条**　董事会会议由董事长召集和主持；董事长不能履行职务或者不履行职务的，由副董事长召集和主持；副董事长不能履行职务或者不履行职务的，由**过**半数**的**董事共同推举一名董事召集和主持。
第四十八条　董事会的议事方式和表决程序，除本法有规定的外，由公司章程规定。 董事会应当对所议事项的决定作成会议记录，出席会议的董事应当在会议记录上签名。 董事会决议的表决，实行一人一票。	**第七十三条**　董事会的议事方式和表决程序，除本法有规定的外，由公司章程规定。 **董事会会议应当有过半数的董事出席方可举行。董事会作出决议，应当经全体董事的过半数通过。** 董事会决议的表决，**应当**一人一票。 董事会应当对所议事项的决定作成会议记录，出席会议的董事应当在会议记录上签名。

2018 年公司法 （阴影部分为修改或删除的内容）	**2023 年公司法** （黑体部分为修改或增加的内容）
第四十九条 有限责任公司可以设经理，由董事会决定聘任或者解聘。经理对董事会负责，行使下列职权： （一）主持公司的生产经营管理工作，组织实施董事会决议； （二）组织实施公司年度经营计划和投资方案； （三）拟订公司内部管理机构设置方案； （四）拟订公司的基本管理制度； （五）制定公司的具体规章； （六）提请聘任或者解聘公司副经理、财务负责人； （七）决定聘任或者解聘除应由董事会决定聘任或者解聘以外的负责管理人员； （八）董事会授予的其他职权。 公司章程对经理职权另有规定的，从其规定。 经理列席董事会会议。	**第七十四条** 有限责任公司可以设经理，由董事会决定聘任或者解聘。 经理对董事会负责，**根据公司章程的规定或者董事会的授权**行使职权。经理列席董事会会议。

2018 年公司法 （阴影部分为修改或删除的内容）	2023 年公司法 （黑体部分为修改或增加的内容）
第五十条 股东人数较少或者规模较小的有限责任公司，可以设一名执行董事，不设董事会。执行董事可以兼任公司经理。 执行董事的职权由公司章程规定。	**第七十五条** **规模较小**或者**股东人数较少**的有限责任公司，可以**不设董事会，设一名董事，行使本法规定的董事会的职权。该**董事可以兼任公司经理。
第五十一条 有限责任公司设监事会，其成员不得少于三人。股东人数较少或者规模较小的有限责任公司，可以设一至二名监事，不设监事会。 监事会应当包括股东代表和适当比例的公司职工代表，其中职工代表的比例不得低于三分之一，具体比例由公司章程规定。监事会中的职工代表由公司职工通过职工代表大会、职工大会或者其他形式民主选举产生。 监事会设主席一人，由全体监事过半数选举产生。监事会主席召集和主持监事会会议；监事会主席不能履行职务或者不履行职务的，由半数以上监事共同推举一名监事召集和主持监事会会议。 董事、高级管理人员不得兼任监事。	**第七十六条** 有限责任公司设监事会，**本法第六十九条、第八十三条另有规定的除外。** **监事会**成员为三人**以上**。监事会**成员**应当包括股东代表和适当比例的公司职工代表，其中职工代表的比例不得低于三分之一，具体比例由公司章程规定。监事会中的职工代表由公司职工通过职工代表大会、职工大会或者其他形式民主选举产生。 监事会设主席一人，由全体监事过半数选举产生。监事会主席召集和主持监事会会议；监事会主席不能履行职务或者不履行职务的，由**过**半数**的**监事共同推举一名监事召集和主持监事会会议。 董事、高级管理人员不得兼任监事。

2018 年公司法 (阴影部分为修改或删除的内容)	2023 年公司法 (黑体部分为修改或增加的内容)
第五十二条 监事的任期每届为三年。监事任期届满,连选可以连任。 监事任期届满未及时改选,或者监事在任期内辞职导致监事会成员低于法定人数的,在改选出的监事就任前,原监事仍应当依照法律、行政法规和公司章程的规定,履行监事职务。	**第七十七条** 监事的任期每届为三年。监事任期届满,连选可以连任。 监事任期届满未及时改选,或者监事在任期内辞**任**导致监事会成员低于法定人数的,在改选出的监事就任前,原监事仍应当依照法律、行政法规和公司章程的规定,履行监事职务。

2018 年公司法 （阴影部分为修改或删除的内容）	2023 年公司法 （黑体部分为修改或增加的内容）
第五十三条 监事会、不设监事会的公司的监事行使下列职权： （一）检查公司财务； （二）对董事、高级管理人员执行公司职务的行为进行监督，对违反法律、行政法规、公司章程或者股东会决议的董事、高级管理人员提出罢免的建议； （三）当董事、高级管理人员的行为损害公司的利益时，要求董事、高级管理人员予以纠正； （四）提议召开临时股东会会议，在董事会不履行本法规定的召集和主持股东会会议职责时召集和主持股东会会议； （五）向股东会会议提出提案； （六）依照本法第一百五十一条的规定，对董事、高级管理人员提起诉讼； （七）公司章程规定的其他职权。	**第七十八条** 监事会行使下列职权： （一）检查公司财务； （二）对董事、高级管理人员执行职务的行为进行监督，对违反法律、行政法规、公司章程或者股东会决议的董事、高级管理人员提出**解任**的建议； （三）当董事、高级管理人员的行为损害公司的利益时，要求董事、高级管理人员予以纠正； （四）提议召开临时股东会会议，在董事会不履行本法规定的召集和主持股东会会议职责时召集和主持股东会会议； （五）向股东会会议提出提案； （六）依照本法第**一百八十九**条的规定，对董事、高级管理人员提起诉讼； （七）公司章程规定的其他职权。

2018 年公司法 （阴影部分为修改或删除的内容）	2023 年公司法 （黑体部分为修改或增加的内容）
第五十四条 监事可以列席董事会会议，并对董事会决议事项提出质询或者建议。 监事会、不设监事会的公司的监事发现公司经营情况异常，可以进行调查；必要时，可以聘请会计师事务所等协助其工作，费用由公司承担。	**第七十九条** 监事可以列席董事会会议，并对董事会决议事项提出质询或者建议。 监事会发现公司经营情况异常，可以进行调查；必要时，可以聘请会计师事务所等协助其工作，费用由公司承担。
第一百五十条第二款 董事、高级管理人员应当如实向监事会或者不设监事会的有限责任公司的监事提供有关情况和资料，不得妨碍监事会或者监事行使职权。	**第八十条** **监事会可以要求董事、高级管理人员提交执行职务的报告。** 董事、高级管理人员应当如实向监事会提供有关情况和资料，不得妨碍监事会或者监事行使职权。

2018 年公司法 （阴影部分为修改或删除的内容）	2023 年公司法 （黑体部分为修改或增加的内容）
第五十五条　监事会每年度至少召开一次会议，监事可以提议召开临时监事会会议。 监事会的议事方式和表决程序，除本法有规定的外，由公司章程规定。 监事会决议应当经半数以上监事通过。 监事会应当对所议事项的决定作成会议记录，出席会议的监事应当在会议记录上签名。	**第八十一条**　监事会每年度至少召开一次会议，监事可以提议召开临时监事会会议。 监事会的议事方式和表决程序，除本法有规定的外，由公司章程规定。 监事会决议应当经**全体**监事**的过半数**通过。 **监事会决议的表决，应当一人一票。** 监事会应当对所议事项的决定作成会议记录，出席会议的监事应当在会议记录上签名。
第五十六条　监事会、不设监事会的公司的监事行使职权所必需的费用，由公司承担。	**第八十二条**　监事会行使职权所必需的费用，由公司承担。
第五十一条第一款　有限责任公司设监事会，其成员不得少于三人。股东人数较少或者规模较小的有限责任公司，可以设一至二名监事，不设监事会。	**第八十三条**　规模较小或者股东人数较少的有限责任公司，可以不设监事会，设一名监事，**行使本法规定的监事会的职权；经全体股东一致同意，也可以不设监事。**

2018 年公司法 (阴影部分为修改或删除的内容)	2023 年公司法 (黑体部分为修改或增加的内容)
第三节　一人有限责任公司的特别规定	
第五十七条　一人有限责任公司的设立和组织机构,适用本节规定;本节没有规定的,适用本章第一节、第二节的规定。 本法所称一人有限责任公司,是指只有一个自然人股东或者一个法人股东的有限责任公司。	
第五十八条　一个自然人只能投资设立一个一人有限责任公司。该一人有限责任公司不能投资设立新的一人有限责任公司。	
第五十九条　一人有限责任公司应当在公司登记中注明自然人独资或者法人独资,并在公司营业执照中载明。	
第六十条　一人有限责任公司章程由股东制定。	

2018 年公司法 (阴影部分为修改或删除的内容)	2023 年公司法 (黑体部分为修改或增加的内容)
第六十一条　一人有限责任公司不设股东会。股东作出本法第三十七条第一款所列决定时,应当采用书面形式,并由股东签名后置备于公司。	
第六十二条　一人有限责任公司应当在每一会计年度终了时编制财务会计报告,并经会计师事务所审计。	
第六十三条　一人有限责任公司的股东不能证明公司财产独立于股东自己的财产的,应当对公司债务承担连带责任。	

2018 年公司法 （阴影部分为修改或删除的内容）	2023 年公司法 （黑体部分为修改或增加的内容）
第三章　有限责任公司的股权转让	第四章　有限责任公司的股权转让
第七十一条　有限责任公司的股东之间可以相互转让其全部或者部分股权。 股东向股东以外的人转让股权，应当经其他股东过半数同意。股东应就其股权转让事项书面通知其他股东征求同意，其他股东自接到书面通知之日起满三十日未答复的，视为同意转让。其他股东半数以上不同意转让的，不同意的股东应当购买该转让的股权；不购买的，视为同意转让。 经股东同意转让的股权，在同等条件下，其他股东有优先购买权。两个以上股东主张行使优先购买权的，协商确定各自的购买比例；协商不成的，按照转让时各自的出资比例行使优先购买权。 公司章程对股权转让另有规定的，从其规定。	第八十四条　有限责任公司的股东之间可以相互转让其全部或者部分股权。 股东向股东以外的人转让股权的，应当将股权转让的数量、价格、支付方式和期限等事项书面通知其他股东，其他股东在同等条件下有优先购买权。股东自接到书面通知之日起三十日内未答复的，视为放弃优先购买权。两个以上股东行使优先购买权的，协商确定各自的购买比例；协商不成的，按照转让时各自的出资比例行使优先购买权。 公司章程对股权转让另有规定的，从其规定。

2018 年公司法 （阴影部分为修改或删除的内容）	2023 年公司法 （黑体部分为修改或增加的内容）
第七十二条 人民法院依照法律规定的强制执行程序转让股东的股权时，应当通知公司及全体股东，其他股东在同等条件下有优先购买权。其他股东自人民法院通知之日起满二十日不行使优先购买权的，视为放弃优先购买权。	**第八十五条** 人民法院依照法律规定的强制执行程序转让股东的股权时，应当通知公司及全体股东，其他股东在同等条件下有优先购买权。其他股东自人民法院通知之日起满二十日不行使优先购买权的，视为放弃优先购买权。
	第八十六条 股东转让股权的，应当书面通知公司，请求变更股东名册；需要办理变更登记的，并请求公司向公司登记机关办理变更登记。公司拒绝或者在合理期限内不予答复的，转让人、受让人可以依法向人民法院提起诉讼。 **股权转让的，受让人自记载于股东名册时起可以向公司主张行使股东权利。**
第七十三条 依照本法第七十一条、第七十二条转让股权后，公司应当注销原股东的出资证明书，向新股东签发出资证明书，并相应修改公司章程和股东名册中有关股东及其出资额的记载。对公司章程的该项修改不需再由股东会表决。	**第八十七条** 依照本法转让股权后，公司应当**及时**注销原股东的出资证明书，向新股东签发出资证明书，并相应修改公司章程和股东名册中有关股东及其出资额的记载。对公司章程的该项修改不需再由股东会表决。

2018 年公司法 (阴影部分为修改或删除的内容)	2023 年公司法 (黑体部分为修改或增加的内容)
	第八十八条　股东转让已认缴出资但未届出资期限的股权的,由受让人承担缴纳该出资的义务;受让人未按期足额缴纳出资的,转让人对受让人未按期缴纳的出资承担补充责任。 **未按照公司章程规定的出资日期缴纳出资或者作为出资的非货币财产的实际价额显著低于所认缴的出资额的股东转让股权的,转让人与受让人在出资不足的范围内承担连带责任;受让人不知道且不应当知道存在上述情形的,由转让人承担责任。**

2018 年公司法 （阴影部分为修改或删除的内容）	**2023 年公司法** （黑体部分为修改或增加的内容）
第七十四条 有下列情形之一的，对股东会该项决议投反对票的股东可以请求公司按照合理的价格收购其股权： （一）公司连续五年不向股东分配利润，而公司该五年连续盈利，并且符合本法规定的分配利润条件的； （二）公司合并、分立、转让主要财产的； （三）公司章程规定的营业期限届满或者章程规定的其他解散事由出现，股东会会议通过决议修改章程使公司存续的。 自股东会会议决议通过之日起六十日内，股东与公司不能达成股权收购协议的，股东可以自股东会会议决议通过之日起九十日内向人民法院提起诉讼。	**第八十九条** 有下列情形之一的，对股东会该项决议投反对票的股东可以请求公司按照合理的价格收购其股权： （一）公司连续五年不向股东分配利润，而公司该五年连续盈利，并且符合本法规定的分配利润条件； （二）公司合并、分立、转让主要财产； （三）公司章程规定的营业期限届满或者章程规定的其他解散事由出现，股东会通过决议修改章程使公司存续。 自股东会决议**作出**之日起六十日内，股东与公司不能达成股权收购协议的，股东可以自股东会决议**作出**之日起九十日内向人民法院提起诉讼。 **公司的控股股东滥用股东权利，严重损害公司或者其他股东利益的，其他股东有权请求公司按照合理的价格收购其股权。** **公司因本条第一款、第三款规定的情形收购的本公司股权，应当在六个月内依法转让或者注销。**

2018 年公司法 (阴影部分为修改或删除的内容)	2023 年公司法 (黑体部分为修改或增加的内容)
第七十五条 自然人股东死亡后,其合法继承人可以继承股东资格;但是,公司章程另有规定的除外。	**第九十条** 自然人股东死亡后,其合法继承人可以继承股东资格;但是,公司章程另有规定的除外。
第四章 股份有限公司的设立和组织机构	**第五章 股份有限公司的设立和组织机构**
第一节 设立	第一节 设立
第七十六条 设立股份有限公司,应当具备下列条件: (一)发起人符合法定人数; (二)有符合公司章程规定的全体发起人认购的股本总额或者募集的实收股本总额; (三)股份发行、筹办事项符合法律规定; (四)发起人制订公司章程,采用募集方式设立的经创立大会通过; (五)有公司名称,建立符合股份有限公司要求的组织机构; (六)有公司住所。	

2018 年公司法 （阴影部分为修改或删除的内容）	2023 年公司法 （黑体部分为修改或增加的内容）
第七十七条 股份有限公司的设立，可以采取发起设立或者募集设立的方式。 发起设立，是指由发起人认购公司应发行的全部股份而设立公司。 募集设立，是指由发起人认购公司应发行股份的一部分，其余股份向社会公开募集或者向特定对象募集而设立公司。	**第九十一条** 设立股份有限公司，可以采取发起设立或者募集设立的方式。 发起设立，是指由发起人认购**设立**公司**时**应发行的全部股份而设立公司。 募集设立，是指由发起人认购**设立**公司**时**应发行股份的一部分，其余股份向特定对象募集或者向社会公开募集而设立公司。
第七十八条 设立股份有限公司，应当有二人以上二百人以下为发起人，其中须有半数以上的发起人在中国境内有住所。	**第九十二条** 设立股份有限公司，应当有**一**人以上二百人以下为发起人，其中**应当**有半数以上的发起人在中**华人民共和**国境内有住所。
第七十九条 股份有限公司发起人承担公司筹办事务。 发起人应当签订发起人协议，明确各自在公司设立过程中的权利和义务。	**第九十三条** 股份有限公司发起人承担公司筹办事务。 发起人应当签订发起人协议，明确各自在公司设立过程中的权利和义务。
	第九十四条 **设立股份有限公司，应当由发起人共同制订公司章程。**

2018 年公司法 （阴影部分为修改或删除的内容）	2023 年公司法 （黑体部分为修改或增加的内容）
第八十一条　股份有限公司章程应当载明下列事项： （一）公司名称和住所； （二）公司经营范围； （三）公司设立方式； （四）公司股份总数、每股金额和注册资本； （五）发起人的姓名或者名称、认购的股份数、出资方式和出资时间； （六）董事会的组成、职权和议事规则； （七）公司法定代表人； （八）监事会的组成、职权和议事规则； （九）公司利润分配办法； （十）公司的解散事由与清算办法； （十一）公司的通知和公告办法； （十二）股东大会会议认为需要规定的其他事项。	**第九十五条**　股份有限公司章程应当载明下列事项： （一）公司名称和住所； （二）公司经营范围； （三）公司设立方式； （四）公司注册资本、**已发行的股份数和设立时发行的股份数，面额股的**每股金额； **（五）发行类别股的，每一类别股的股份数及其权利和义务；** （六）发起人的姓名或者名称、认购的股份数、出资方式； （七）董事会的组成、职权和议事规则； （八）公司法定代表人**的产生、变更办法**； （九）监事会的组成、职权和议事规则； （十）公司利润分配办法； （十一）公司的解散事由与清算办法； （十二）公司的通知和公告办法； （十三）股东会认为需要规定的其他事项。 （本条因新增一项致项号变更）

2018 年公司法 (阴影部分为修改或删除的内容)	2023 年公司法 (黑体部分为修改或增加的内容)
第八十条 股份有限公司采取发起设立方式设立的,注册资本为在公司登记机关登记的全体发起人认购的股本总额。在发起人认购的股份缴足前,不得向他人募集股份。 股份有限公司采取募集方式设立的,注册资本为在公司登记机关登记的实收股本总额。 法律、行政法规以及国务院决定对股份有限公司注册资本实缴、注册资本最低限额另有规定的,从其规定。	**第九十六条** 股份有限公司**的**注册资本为在公司登记机关登记的**已发行股份**的股本总额。在发起人认购的股份缴足前,不得向他人募集股份。 法律、行政法规以及国务院决定对股份有限公司注册资本最低限额另有规定的,从其规定。

2018 年公司法 （阴影部分为修改或删除的内容）	2023 年公司法 （黑体部分为修改或增加的内容）
第八十二条 发起人的出资方式，适用本法第二十七条的规定。 **第八十三条** 以发起设立方式设立股份有限公司的，发起人应当书面认足公司章程规定其认购的股份，并按照公司章程规定缴纳出资。以非货币财产出资的，应当依法办理其财产权的转移手续。 发起人不依照前款规定缴纳出资的，应当按照发起人协议承担违约责任。 发起人认足公司章程规定的出资后，应当选举董事会和监事会，由董事会向公司登记机关报送公司章程以及法律、行政法规规定的其他文件，申请设立登记。 **第八十四条** 以募集设立方式设立股份有限公司的，发起人认购的股份不得少于公司股份总数的百分之三十五；但是，法律、行政法规另有规定的，从其规定。	**第九十七条** 以发起设立方式设立股份有限公司的，发起人应当认足公司章程规定**的公司设立时应发行**的股份。 以募集设立方式设立股份有限公司的，发起人认购的股份不得少于公司**章程规定的公司设立时应发行**股份总数的百分之三十五；但是，法律、行政法规另有规定的，从其规定。 **第九十八条 发起人应当在公司成立前按照其认购的股份全额缴纳股款。** 发起人的出资，适用本法**第四十八条、第四十九条第二款关于有限责任公司股东出资**的规定。 （本两条由旧法第八十二条至第八十四条整合而成）

2018 年公司法 （阴影部分为修改或删除的内容）	2023 年公司法 （黑体部分为修改或增加的内容）
第九十三条 股份有限公司成立后，发起人未按照公司章程的规定缴足出资的，应当补缴；其他发起人承担连带责任。 股份有限公司成立后，发现作为设立公司出资的非货币财产的实际价额显著低于公司章程所定价额的，应当由交付该出资的发起人补足其差额；其他发起人承担连带责任。	**第九十九条** 发起人**不按照其认购的股份缴纳股款，或者**作为出资的非货币财产的实际价额显著低于**所认购的股份**的，其他发起人**与该发起人在出资不足的范围内**承担连带责任。
第八十五条 发起人向社会公开募集股份，必须公告招股说明书，并制作认股书。认股书应当载明本法第八十六条所列事项，由认股人填写认购股数、金额、住所，并签名、盖章。认股人按照所认购股数缴纳股款。	**第一百条** 发起人向社会公开募集股份，**应当**公告招股说明书，并制作认股书。认股书应当载明本法**第一百五十四条第二款、第三款**所列事项，由认股人填写认购**的股份**数、金额、住所，并签名**或者**盖章。认股人**应当**按照所认购股**份足额**缴纳股款。
第八十九条第一款 发行股份的股款缴足后，必须经依法设立的验资机构验资并出具证明。发起人应当自股款缴足之日起三十日内主持召开公司创立大会。创立大会由发起人、认股人组成。	**第一百零一条** **向社会公开募集**股份的股款缴足后，**应当**经依法设立的验资机构验资并出具证明。

2018 年公司法 (阴影部分为修改或删除的内容)	2023 年公司法 (黑体部分为修改或增加的内容)
第一百三十条 公司发行记名股票的,应当置备股东名册,记载下列事项: (一)股东的姓名或者名称及住所; (二)各股东所持股份数; (三)各股东所持股票的编号; (四)各股东取得股份的日期。 发行无记名股票的,公司应当记载其股票数量、编号及发行日期。	**第一百零二条** **股份有限**公司应当**制作**股东名册**并**置备**于公司。股东名册应当**记载下列事项: (一)股东的姓名或者名称及住所; (二)各股东所**认购的股份种类及**股份数; (三)**发行纸面形式的股票的,**股票的编号; (四)各股东取得股份的日期。
第八十九条第一款 发行股份的股款缴足后,必须经依法设立的验资机构验资并出具证明。发起人应当自股款缴足之日起三十日内主持召开公司创立大会。创立大会由发起人、认股人组成。 **第九十条第一款** 发起人应当在创立大会召开十五日前将会议日期通知各认股人或者予以公告。创立大会应有代表股份总数过半数的发起人、认股人出席,方可举行。	**第一百零三条** **募集设立股份有限公司的**发起人应当自**公司设立时应发行股份的**股款缴足之日起三十日内召开公司**成**立大会。发起人应当在**成**立大会召开十五日前将会议日期通知各认股人或者予以公告。**成**立大会应当有**持有表决权**过半数的认股人出席,方可举行。 **以发起设立方式设立股份有限公司成立大会的召开和表决程序由公司章程或者发起人协议规定。** (本条由旧法第八十九条第一款、第九十条第一款整合而成并新增内容)

2018 年公司法 (阴影部分为修改或删除的内容)	2023 年公司法 (黑体部分为修改或增加的内容)
第九十条第二款、第三款 创立大会行使下列职权: (一)审议发起人关于公司筹办情况的报告; (二)通过公司章程; (三)选举董事会成员; (四)选举监事会成员; (五)对公司的设立费用进行审核; (六)对发起人用于抵作股款的财产的作价进行审核; (七)发生不可抗力或者经营条件发生重大变化直接影响公司设立的,可以作出不设立公司的决议。 创立大会对前款所列事项作出决议,必须经出席会议的认股人所持表决权过半数通过。	**第一百零四条　公司成**立大会行使下列职权: (一)审议发起人关于公司筹办情况的报告; (二)通过公司章程; (三)选举董事、监事; (四)对公司的设立费用进行审核; (五)对发起人**非货币财产出资**的作价进行审核; (六)发生不可抗力或者经营条件发生重大变化直接影响公司设立的,可以作出不设立公司的决议。 **成**立大会对前款所列事项作出决议,应当经出席会议的认股人所持表决权过半数通过。 (本条因合并致项号变更)

2018 年公司法 (阴影部分为修改或删除的内容)	2023 年公司法 (黑体部分为修改或增加的内容)
第八十九条第二款 发行的股份超过招股说明书规定的截止期限尚未募足的,或者发行股份的股款缴足后,发起人在三十日内未召开创立大会的,认股人可以按照所缴股款并加算银行同期存款利息,要求发起人返还。 **第九十一条** 发起人、认股人缴纳股款或者交付抵作股款的出资后,除未按期募足股份、发起人未按期召开创立大会或者创立大会决议不设立公司的情形外,不得抽回其股本。	**第一百零五条** 公司**设立时应**发行的股份未募足,或者发行股份的股款缴足后,发起人在三十日内未召开**成**立大会的,认股人可以按照所缴股款并加算银行同期存款利息,要求发起人返还。 发起人、认股人缴纳股款或者交付**非货币财产**出资后,除未按期募足股份、发起人未按期召开**成**立大会或者**成**立大会决议不设立公司的情形外,不得抽回其股本。

2018 年公司法 (阴影部分为修改或删除的内容)	2023 年公司法 (黑体部分为修改或增加的内容)
第九十二条 董事会应于创立大会结束后三十日内,向公司登记机关报送下列文件,申请设立登记: (一)公司登记申请书; (二)创立大会的会议记录; (三)公司章程; (四)验资证明; (五)法定代表人、董事、监事的任职文件及其身份证明; (六)发起人的法人资格证明或者自然人身份证明; (七)公司住所证明。 以募集方式设立股份有限公司公开发行股票的,还应当向公司登记机关报送国务院证券监督管理机构的核准文件。	**第一百零六条** 董事会应**当授权代表,**于**公司成**立大会结束后三十日内向公司登记机关申请设立登记。

2018 年公司法 (阴影部分为修改或删除的内容)	2023 年公司法 (黑体部分为修改或增加的内容)
第九十四条 股份有限公司的发起人应当承担下列责任: (一)公司不能成立时,对设立行为所产生的债务和费用负连带责任; (二)公司不能成立时,对认股人已缴纳的股款,负返还股款并加算银行同期存款利息的连带责任; (三)在公司设立过程中,由于发起人的过失致使公司利益受到损害的,应当对公司承担赔偿责任。	
	第一百零七条 本法第四十四条、第四十九条第三款、第五十一条、第五十二条、第五十三条的规定,适用于股份有限公司。
第九十五条 有限责任公司变更为股份有限公司时,折合的实收股本总额不得高于公司净资产额。有限责任公司变更为股份有限公司,为增加资本公开发行股份时,应当依法办理。	**第一百零八条** 有限责任公司变更为股份有限公司时,折合的实收股本总额不得高于公司净资产额。有限责任公司变更为股份有限公司,为增加**注册**资本公开发行股份时,应当依法办理。

2018 年公司法 （阴影部分为修改或删除的内容）	2023 年公司法 （黑体部分为修改或增加的内容）
第九十六条　股份有限公司应当将公司章程、股东名册、公司债券存根、股东大会会议记录、董事会会议记录、监事会会议记录、财务会计报告置备于本公司。	**第一百零九条**　股份有限公司应当将公司章程、股东名册、股东会会议记录、董事会会议记录、监事会会议记录、财务会计报告、**债券持有人名册**置备于本公司。
第九十七条　股东有权查阅公司章程、股东名册、公司债券存根、股东大会会议记录、董事会会议决议、监事会会议决议、财务会计报告，对公司的经营提出建议或者质询。	**第一百一十条**　股东有权查阅、**复制**公司章程、股东名册、股东会会议记录、董事会会议决议、监事会会议决议、财务会计报告，对公司的经营提出建议或者质询。 **连续一百八十日以上单独或者合计持有公司百分之三以上股份的股东要求查阅公司的会计账簿、会计凭证的，适用本法第五十七条第二款、第三款、第四款的规定。公司章程对持股比例有较低规定的，从其规定。** **股东要求查阅、复制公司全资子公司相关材料的，适用前两款的规定。** **上市公司股东查阅、复制相关材料的，应当遵守《中华人民共和国证券法》等法律、行政法规的规定。**

2018 年公司法 （阴影部分为修改或删除的内容）	2023 年公司法 （黑体部分为修改或增加的内容）
第二节　股东大会	第二节　股东会
第九十八条　股份有限公司股东大会由全体股东组成。股东大会是公司的权力机构，依照本法行使职权。	**第一百一十一条**　股份有限公司股东会由全体股东组成。股东会是公司的权力机构，依照本法行使职权。
第九十九条　本法第三十七条第一款关于有限责任公司股东会职权的规定，适用于股份有限公司股东大会。	**第一百一十二条**　本法第**五十九条第一款、第二款**关于有限责任公司股东会职权的规定，适用于股份有限公司股东会。 **本法第六十条关于只有一个股东的有限责任公司不设股东会的规定，适用于只有一个股东的股份有限公司。**

2018 年公司法 （阴影部分为修改或删除的内容）	2023 年公司法 （黑体部分为修改或增加的内容）
第一百条　股东大会应当每年召开一次年会。有下列情形之一的，应当在两个月内召开临时股东大会： （一）董事人数不足本法规定人数或者公司章程所定人数的三分之二时； （二）公司未弥补的亏损达实收股本总额三分之一时； （三）单独或者合计持有公司百分之十以上股份的股东请求时； （四）董事会认为必要时； （五）监事会提议召开时； （六）公司章程规定的其他情形。	**第一百一十三条**　股东会应当每年召开一次年会。有下列情形之一的，应当在两个月内召开临时股东会**会议**： （一）董事人数不足本法规定人数或者公司章程所定人数的三分之二时； （二）公司未弥补的亏损达股本总额三分之一时； （三）单独或者合计持有公司百分之十以上股份的股东请求时； （四）董事会认为必要时； （五）监事会提议召开时； （六）公司章程规定的其他情形。

2018 年公司法 （阴影部分为修改或删除的内容）	2023 年公司法 （黑体部分为修改或增加的内容）
第一百零一条　股东大会会议由董事会召集，董事长主持；董事长不能履行职务或者不履行职务的，由副董事长主持；副董事长不能履行职务或者不履行职务的，由半数以上董事共同推举一名董事主持。 董事会不能履行或者不履行召集股东大会会议职责的，监事会应当及时召集和主持；监事会不召集和主持的，连续九十日以上单独或者合计持有公司百分之十以上股份的股东可以自行召集和主持。	**第一百一十四条**　股东会会议由董事会召集，董事长主持；董事长不能履行职务或者不履行职务的，由副董事长主持；副董事长不能履行职务或者不履行职务的，由**过半数的**董事共同推举一名董事主持。 董事会不能履行或者不履行召集股东会会议职责的，监事会应当及时召集和主持；监事会不召集和主持的，连续九十日以上单独或者合计持有公司百分之十以上股份的股东可以自行召集和主持。 **单独或者合计持有公司百分之十以上股份的股东请求召开临时股东会会议的，董事会、监事会应当在收到请求之日起十日内作出是否召开临时股东会会议的决定，并书面答复股东。**

2018 年公司法 （阴影部分为修改或删除的内容）	2023 年公司法 （黑体部分为修改或增加的内容）
第一百零二条 召开股东大会会议，应当将会议召开的时间、地点和审议的事项于会议召开二十日前通知各股东；临时股东大会应当于会议召开十五日前通知各股东；发行无记名股票的，应当于会议召开三十日前公告会议召开的时间、地点和审议事项。 单独或者合计持有公司百分之三以上股份的股东，可以在股东大会召开十日前提出临时提案并书面提交董事会；董事会应当在收到提案后二日内通知其他股东，并将该临时提案提交股东大会审议。临时提案的内容应当属于股东大会职权范围，并有明确议题和具体决议事项。 股东大会不得对前两款通知中未列明的事项作出决议。 无记名股票持有人出席股东大会会议的，应当于会议召开五日前至股东大会闭会时将股票交存于公司。	**第一百一十五条** 召开股东会会议，应当将会议召开的时间、地点和审议的事项于会议召开二十日前通知各股东；临时股东会**会议**应当于会议召开十五日前通知各股东。 单独或者合计持有公司百分之**一**以上股份的股东，可以在股东会**会议**召开十日前提出临时提案并书面提交董事会。临时提案应当有明确议题和具体决议事项。董事会应当在收到提案后二日内通知其他股东，并将该临时提案提交股东会审议；**但临时提案违反法律、行政法规或者公司章程的规定，或者不属于股东会职权范围的除外。公司不得提高提出临时提案股东的持股比例。** **公开发行股份的公司，应当以公告方式作出前两款规定的通知。** 股东会不得对通知中未列明的事项作出决议。 （本条部分语序有变更，但该部分内容无实质变更）

2018 年公司法 （阴影部分为修改或删除的内容）	2023 年公司法 （黑体部分为修改或增加的内容）
第一百零三条 股东出席股东大会会议，所持每一股份有一表决权。但是，公司持有的本公司股份没有表决权。 股东大会作出决议，必须经出席会议的股东所持表决权过半数通过。但是，股东大会作出修改公司章程、增加或者减少注册资本的决议，以及公司合并、分立、解散或者变更公司形式的决议，必须经出席会议的股东所持表决权的三分之二以上通过。	**第一百一十六条** 股东出席股东会会议，所持每一股份有一表决权，**类别股股东除外**。公司持有的本公司股份没有表决权。 股东会作出决议，**应当**经出席会议的股东所持表决权过半数通过。 股东会作出修改公司章程、增加或者减少注册资本的决议，以及公司合并、分立、解散或者变更公司形式的决议，**应当**经出席会议的股东所持表决权的三分之二以上通过。
第一百零四条 本法和公司章程规定公司转让、受让重大资产或者对外提供担保等事项必须经股东大会作出决议的，董事会应当及时召集股东大会会议，由股东大会就上述事项进行表决。	

2018 年公司法 （阴影部分为修改或删除的内容）	2023 年公司法 （黑体部分为修改或增加的内容）
第一百零五条 股东大会选举董事、监事，可以依照公司章程的规定或者股东大会的决议，实行累积投票制。 本法所称累积投票制，是指股东大会选举董事或者监事时，每一股份拥有与应选董事或者监事人数相同的表决权，股东拥有的表决权可以集中使用。	**第一百一十七条** 股东会选举董事、监事，可以**按**照公司章程的规定或者股东会的决议，实行累积投票制。 本法所称累积投票制，是指股东会选举董事或者监事时，每一股份拥有与应选董事或者监事人数相同的表决权，股东拥有的表决权可以集中使用。
第一百零六条 股东可以委托代理人出席股东大会会议，代理人应当向公司提交股东授权委托书，并在授权范围内行使表决权。	**第一百一十八条** 股东委托代理人出席股东会会议**的，应当明确代理人代理的事项、权限和期限**；代理人应当向公司提交股东授权委托书，并在授权范围内行使表决权。
第一百零七条 股东大会应当对所议事项的决定作成会议记录，主持人、出席会议的董事应当在会议记录上签名。会议记录应当与出席股东的签名册及代理出席的委托书一并保存。	**第一百一十九条** 股东会应当对所议事项的决定作成会议记录，主持人、出席会议的董事应当在会议记录上签名。会议记录应当与出席股东的签名册及代理出席的委托书一并保存。

2018 年公司法 （阴影部分为修改或删除的内容）	2023 年公司法 （黑体部分为修改或增加的内容）
第三节　董事会、经理	第三节　董事会、经理
第一百零八条　股份有限公司设董事会，其成员为五人至十九人。 董事会成员中可以有公司职工代表。董事会中的职工代表由公司职工通过职工代表大会、职工大会或者其他形式民主选举产生。 本法第四十五条关于有限责任公司董事任期的规定，适用于股份有限公司董事。 本法第四十六条关于有限责任公司董事会职权的规定，适用于股份有限公司董事会。	**第一百二十条**　股份有限公司设董事会，**本法第一百二十八条另有规定的除外**。 本法**第六十七条、第六十八条第一款、第七十条、第七十一条**的规定，适用于股份有限公司。

2018 年公司法 （阴影部分为修改或删除的内容）	2023 年公司法 （黑体部分为修改或增加的内容）
	第一百二十一条　股份有限公司可以按照公司章程的规定在董事会中设置由董事组成的审计委员会，行使本法规定的监事会的职权，不设监事会或者监事。 **审计委员会成员为三名以上，过半数成员不得在公司担任除董事以外的其他职务，且不得与公司存在任何可能影响其独立客观判断的关系。公司董事会成员中的职工代表可以成为审计委员会成员。** **审计委员会作出决议，应当经审计委员会成员的过半数通过。** **审计委员会决议的表决，应当一人一票。** **审计委员会的议事方式和表决程序，除本法有规定的外，由公司章程规定。** **公司可以按照公司章程的规定在董事会中设置其他委员会。**

2018 年公司法 (阴影部分为修改或删除的内容)	2023 年公司法 (黑体部分为修改或增加的内容)
第一百零九条 董事会设董事长一人,可以设副董事长。董事长和副董事长由董事会以全体董事的过半数选举产生。 董事长召集和主持董事会会议,检查董事会决议的实施情况。副董事长协助董事长工作,董事长不能履行职务或者不履行职务的,由副董事长履行职务;副董事长不能履行职务或者不履行职务的,由半数以上董事共同推举一名董事履行职务。	**第一百二十二条** 董事会设董事长一人,可以设副董事长。董事长和副董事长由董事会以全体董事的过半数选举产生。 董事长召集和主持董事会会议,检查董事会决议的实施情况。副董事长协助董事长工作,董事长不能履行职务或者不履行职务的,由副董事长履行职务;副董事长不能履行职务或者不履行职务的,由**过半数的**董事共同推举一名董事履行职务。
第一百一十条 董事会每年度至少召开两次会议,每次会议应当于会议召开十日前通知全体董事和监事。 代表十分之一以上表决权的股东、三分之一以上董事或者监事会,可以提议召开董事会临时会议。董事长应当自接到提议后十日内,召集和主持董事会会议。 董事会召开临时会议,可以另定召集董事会的通知方式和通知时限。	**第一百二十三条** 董事会每年度至少召开两次会议,每次会议应当于会议召开十日前通知全体董事和监事。 代表十分之一以上表决权的股东、三分之一以上董事或者监事会,可以提议召开**临时董事会**会议。董事长应当自接到提议后十日内,召集和主持董事会会议。 董事会召开临时会议,可以另定召集董事会的通知方式和通知时限。

2018 年公司法 （阴影部分为修改或删除的内容）	2023 年公司法 （黑体部分为修改或增加的内容）
第一百一十一条 董事会会议应有过半数的董事出席方可举行。董事会作出决议，必须经全体董事的过半数通过。 董事会决议的表决，实行一人一票。 **第一百一十二条第二款** 董事会应当对会议所议事项的决定作成会议记录，出席会议的董事应当在会议记录上签名。	**第一百二十四条** 董事会会议应当有过半数的董事出席方可举行。董事会作出决议，应当经全体董事的过半数通过。 董事会决议的表决，**应当**一人一票。 董事会应当对所议事项的决定作成会议记录，出席会议的董事应当在会议记录上签名。
第一百一十二条第一款、第三款 董事会会议，应由董事本人出席；董事因故不能出席，可以书面委托其他董事代为出席，委托书中应载明授权范围。 董事应当对董事会的决议承担责任。董事会的决议违反法律、行政法规或者公司章程、股东大会决议，致使公司遭受严重损失的，参与决议的董事对公司负赔偿责任。但经证明在表决时曾表明异议并记载于会议记录的，该董事可以免除责任。	**第一百二十五条** 董事会会议，应**当**由董事本人出席；董事因故不能出席，可以书面委托其他董事代为出席，委托书应**当**载明授权范围。 董事应当对董事会的决议承担责任。董事会的决议违反法律、行政法规或者公司章程、股东会决议，**给**公司**造成**严重损失的，参与决议的董事对公司负赔偿责任；经证明在表决时曾表明异议并记载于会议记录的，该董事可以免除责任。

2018 年公司法 （阴影部分为修改或删除的内容）	2023 年公司法 （黑体部分为修改或增加的内容）
第一百一十三条 股份有限公司设经理，由董事会决定聘任或者解聘。 本法第四十九条关于有限责任公司经理职权的规定，适用于股份有限公司经理。	**第一百二十六条** 股份有限公司设经理，由董事会决定聘任或者解聘。 **经理对董事会负责，根据公司章程的规定或者董事会的授权行使职权。经理列席董事会会议。**
第一百一十四条 公司董事会可以决定由董事会成员兼任经理。	**第一百二十七条** 公司董事会可以决定由董事会成员兼任经理。
	第一百二十八条 规模较小或者股东人数较少的股份有限公司，可以不设董事会，设一名董事，行使本法规定的董事会的职权。该董事可以兼任公司经理。
第一百一十五条 公司不得直接或者通过子公司向董事、监事、高级管理人员提供借款。	
第一百一十六条 公司应当定期向股东披露董事、监事、高级管理人员从公司获得报酬的情况。	**第一百二十九条** 公司应当定期向股东披露董事、监事、高级管理人员从公司获得报酬的情况。

2018 年公司法 （阴影部分为修改或删除的内容）	2023 年公司法 （黑体部分为修改或增加的内容）
第四节　监事会	第四节　监事会
第一百一十七条　股份有限公司设监事会，其成员不得少于三人。 监事会应当包括股东代表和适当比例的公司职工代表，其中职工代表的比例不得低于三分之一，具体比例由公司章程规定。监事会中的职工代表由公司职工通过职工代表大会、职工大会或者其他形式民主选举产生。 监事会设主席一人，可以设副主席。监事会主席和副主席由全体监事过半数选举产生。监事会主席召集和主持监事会会议；监事会主席不能履行职务或者不履行职务的，由监事会副主席召集和主持监事会会议；监事会副主席不能履行职务或者不履行职务的，由半数以上监事共同推举一名监事召集和主持监事会会议。 董事、高级管理人员不得兼任监事。 本法第五十二条关于有限责任公司监事任期的规定，适用于股份有限公司监事。	**第一百三十条**　股份有限公司设监事会，**本法第一百二十一条第一款、第一百三十三条另有规定的除外。** **监事会**成员**为**三人**以上**。监事会**成员**应当包括股东代表和适当比例的公司职工代表，其中职工代表的比例不得低于三分之一，具体比例由公司章程规定。监事会中的职工代表由公司职工通过职工代表大会、职工大会或者其他形式民主选举产生。 监事会设主席一人，可以设副主席。监事会主席和副主席由全体监事过半数选举产生。监事会主席召集和主持监事会会议；监事会主席不能履行职务或者不履行职务的，由监事会副主席召集和主持监事会会议；监事会副主席不能履行职务或者不履行职务的，由**过**半数**的**监事共同推举一名监事召集和主持监事会会议。 董事、高级管理人员不得兼任监事。 本法第**七十七**条关于有限责任公司监事任期的规定，适用于股份有限公司监事。

2018 年公司法 （阴影部分为修改或删除的内容）	2023 年公司法 （黑体部分为修改或增加的内容）
第一百一十八条　本法第五十三条、第五十四条关于有限责任公司监事会职权的规定，适用于股份有限公司监事会。 监事会行使职权所必需的费用，由公司承担。	**第一百三十一条**　本法**第七十八条至第八十条**的规定，适用于股份有限公司监事会。 监事会行使职权所必需的费用，由公司承担。
第一百一十九条　监事会每六个月至少召开一次会议。监事可以提议召开临时监事会会议。 监事会的议事方式和表决程序，除本法有规定的外，由公司章程规定。 监事会决议应当经半数以上监事通过。 监事会应当对所议事项的决定作成会议记录，出席会议的监事应当在会议记录上签名。	**第一百三十二条**　监事会每六个月至少召开一次会议。监事可以提议召开临时监事会会议。 监事会的议事方式和表决程序，除本法有规定的外，由公司章程规定。 监事会决议应当经**全体**监事**的过**半数通过。 **监事会决议的表决，应当一人一票。** 监事会应当对所议事项的决定作成会议记录，出席会议的监事应当在会议记录上签名。
	第一百三十三条　规模较小或者股东人数较少的股份有限公司，可以不设监事会，设一名监事，行使本法规定的监事会的职权。

2018 年公司法 （阴影部分为修改或删除的内容）	2023 年公司法 （黑体部分为修改或增加的内容）
第五节　上市公司组织机构的特别规定	第五节　上市公司组织机构的特别规定
第一百二十条　本法所称上市公司，是指其股票在证券交易所上市交易的股份有限公司。	**第一百三十四条**　本法所称上市公司，是指其股票在证券交易所上市交易的股份有限公司。
第一百二十一条　上市公司在一年内购买、出售重大资产或者担保金额超过公司资产总额百分之三十的，应当由股东大会作出决议，并经出席会议的股东所持表决权的三分之二以上通过。	**第一百三十五条**　上市公司在一年内购买、出售重大资产或者**向他人提供**担保**的**金额超过公司资产总额百分之三十的，应当由股东会作出决议，并经出席会议的股东所持表决权的三分之二以上通过。
第一百二十二条　上市公司设独立董事，具体办法由国务院规定。	**第一百三十六条**　上市公司设独立董事，具体**管理**办法由国务院**证券监督管理机构**规定。 **上市公司的公司章程除载明本法第九十五条规定的事项外，还应当依照法律、行政法规的规定载明董事会专门委员会的组成、职权以及董事、监事、高级管理人员薪酬考核机制等事项。**

2018 年公司法 （阴影部分为修改或删除的内容）	2023 年公司法 （黑体部分为修改或增加的内容）
	第一百三十七条　上市公司在董事会中设置审计委员会的，董事会对下列事项作出决议前应当经审计委员会全体成员过半数通过： **（一）聘用、解聘承办公司审计业务的会计师事务所；** **（二）聘任、解聘财务负责人；** **（三）披露财务会计报告；** **（四）国务院证券监督管理机构规定的其他事项。**
第一百二十三条　上市公司设董事会秘书，负责公司股东大会和董事会会议的筹备、文件保管以及公司股东资料的管理，办理信息披露事务等事宜。	**第一百三十八条**　上市公司设董事会秘书，负责公司股东会和董事会会议的筹备、文件保管以及公司股东资料的管理，办理信息披露事务等事宜。

2018 年公司法 (阴影部分为修改或删除的内容)	2023 年公司法 (黑体部分为修改或增加的内容)
第一百二十四条 上市公司董事与董事会会议决议事项所涉及的企业有关联关系的,不得对该项决议行使表决权,也不得代理其他董事行使表决权。该董事会会议由过半数的无关联关系董事出席即可举行,董事会会议所作决议须经无关联关系董事过半数通过。出席董事会的无关联关系董事人数不足三人的,应将该事项提交上市公司股东大会审议。	**第一百三十九条** 上市公司董事与董事会会议决议事项所涉及的企业**或者个人**有关联关系的,**该董事应当及时向董事会书面报告。有关联关系的董事**不得对该项决议行使表决权,也不得代理其他董事行使表决权。该董事会会议由过半数的无关联关系董事出席即可举行,董事会会议所作决议须经无关联关系董事过半数通过。出席董事会**会议**的无关联关系董事人数不足三人的,应当将该事项提交上市公司股东会审议。
	第一百四十条 上市公司应当依法披露股东、实际控制人的信息,相关信息应当真实、准确、完整。 **禁止违反法律、行政法规的规定代持上市公司股票。**

2018 年公司法 (阴影部分为修改或删除的内容)	2023 年公司法 (黑体部分为修改或增加的内容)
	第一百四十一条　上市公司控股子公司不得取得该上市公司的股份。 **上市公司控股子公司因公司合并、质权行使等原因持有上市公司股份的,不得行使所持股份对应的表决权,并应当及时处分相关上市公司股份。**
第五章　股份有限公司的股份发行和转让	**第六章　股份有限公司的股份发行和转让**
第一节　股份发行	第一节　股份发行
第一百二十五条第一款　股份有限公司的资本划分为股份,每一股的金额相等。	**第一百四十二条**　公司的资本划分为股份。**公司的全部股份,根据公司章程的规定择一采用面额股或者无面额股。采用面额股的,**每一股的金额相等。 **公司可以根据公司章程的规定将已发行的面额股全部转换为无面额股或者将无面额股全部转换为面额股。** **采用无面额股的,应当将发行股份所得股款的二分之一以上计入注册资本。**

2018 年公司法 （阴影部分为修改或删除的内容）	2023 年公司法 （黑体部分为修改或增加的内容）
第一百二十六条　股份的发行，实行公平、公正的原则，同种类的每一股份应当具有同等权利。 同次发行的同种类股票，每股的发行条件和价格应当相同；任何单位或者个人所认购的股份，每股应当支付相同价额。	**第一百四十三条**　股份的发行，实行公平、公正的原则，同**类别**的每一股份应当具有同等权利。 同次发行的同**类别**股**份**，每股的发行条件和价格应当相同；**认购人**所认购的股份，每股应当支付相同价额。

2018 年公司法 (阴影部分为修改或删除的内容)	2023 年公司法 (黑体部分为修改或增加的内容)
第一百三十一条　国务院可以对公司发行本法规定以外的其他种类的股份,另行作出规定。	**第一百四十四条　公司可以按照公司章程的规定发行下列与普通股权利不同的类别股:** **(一)优先或者劣后分配利润或者剩余财产的股份;** **(二)每一股的表决权数多于或者少于普通股的股份;** **(三)转让须经公司同意等转让受限的股份;** **(四)国务院规定的其他类别股。** **公开发行股份的公司不得发行前款第二项、第三项规定的类别股;公开发行前已发行的除外。** **公司发行本条第一款第二项规定的类别股的,对于监事或者审计委员会成员的选举和更换,类别股与普通股每一股的表决权数相同。**

2018 年公司法 (阴影部分为修改或删除的内容)	2023 年公司法 (黑体部分为修改或增加的内容)
	第一百四十五条　发行类别股的公司,应当在公司章程中载明以下事项: **(一)类别股分配利润或者剩余财产的顺序;** **(二)类别股的表决权数;** **(三)类别股的转让限制;** **(四)保护中小股东权益的措施;** **(五)股东会认为需要规定的其他事项。**
	第一百四十六条　发行类别股的公司,有本法第一百一十六条第三款规定的事项等可能影响类别股股东权利的,除应当依照第一百一十六条第三款的规定经股东会决议外,还应当经出席类别股股东会议的股东所持表决权的三分之二以上通过。 **公司章程可以对需经类别股股东会议决议的其他事项作出规定。**

2018 年公司法 (阴影部分为修改或删除的内容)	2023 年公司法 (黑体部分为修改或增加的内容)
第一百二十五条第二款 公司的股份采取股票的形式。股票是公司签发的证明股东所持股份的凭证。 **第一百二十九条** 公司发行的股票,可以为记名股票,也可以为无记名股票。 公司向发起人、法人发行的股票,应当为记名股票,并应当记载该发起人、法人的名称或者姓名,不得另立户名或者以代表人姓名记名。	**第一百四十七条** 公司的股份采取股票的形式。股票是公司签发的证明股东所持股份的凭证。 公司发行的股票,**应当**为记名股票。
第一百二十七条 股票发行价格可以按票面金额,也可以超过票面金额,但不得低于票面金额。	**第一百四十八条 面额股**股票**的**发行价格可以按票面金额,也可以超过票面金额,但不得低于票面金额。

2018年公司法 (阴影部分为修改或删除的内容)	2023年公司法 (黑体部分为修改或增加的内容)
第一百二十八条　股票采用纸面形式或者国务院证券监督管理机构规定的其他形式。 股票应当载明下列主要事项： (一)公司名称； (二)公司成立日期； (三)股票种类、票面金额及代表的股份数； (四)股票的编号。 股票由法定代表人签名，公司盖章。 发起人的股票，应当标明发起人股票字样。	**第一百四十九条**　股票采用纸面形式或者国务院证券监督管理机构规定的其他形式。 股票**采用纸面形式的，**应当载明下列主要事项： (一)公司名称； (二)公司成立日期**或者股票发行的时间**； (三)股票种类、票面金额及代表的股份数，**发行无面额股的，股票代表的股份数**。 股票**采用纸面形式的，还应当载明**股票的编号，由法定代表人签名，公司盖章。 发起人股票**采用纸面形式的**，应当标明发起人股票字样。
第一百三十二条　股份有限公司成立后，即向股东正式交付股票。公司成立前不得向股东交付股票。	**第一百五十条**　股份有限公司成立后，即向股东正式交付股票。公司成立前不得向股东交付股票。

2018 年公司法 （阴影部分为修改或删除的内容）	2023 年公司法 （黑体部分为修改或增加的内容）
第一百三十三条 公司发行新股，股东大会应当对下列事项作出决议： （一）新股种类及数额； （二）新股发行价格； （三）新股发行的起止日期； （四）向原有股东发行新股的种类及数额。 **第一百三十五条** 公司发行新股，可以根据公司经营情况和财务状况，确定其作价方案。	**第一百五十一条** 公司发行新股，股东会应当对下列事项作出决议： （一）新股种类及数额； （二）新股发行价格； （三）新股发行的起止日期； （四）向原有股东发行新股的种类及数额； **（五）发行无面额股的，新股发行所得股款计入注册资本的金额。** 公司发行新股，可以根据公司经营情况和财务状况，确定其作价方案。
	第一百五十二条 公司章程或者股东会可以授权董事会在三年内决定发行不超过已发行股份百分之五十的股份。但以非货币财产作价出资的应当经股东会决议。 **董事会依照前款规定决定发行股份导致公司注册资本、已发行股份数发生变化的，对公司章程该项记载事项的修改不需再由股东会表决。**

2018 年公司法 （阴影部分为修改或删除的内容）	2023 年公司法 （黑体部分为修改或增加的内容）
	第一百五十三条　公司章程或者股东会授权董事会决定发行新股的，董事会决议应当经全体董事三分之二以上通过。
第八十五条　发起人向社会公开募集股份，必须公告招股说明书，并制作认股书。认股书应当载明本法第八十六条所列事项，由认股人填写认购股数、金额、住所，并签名、盖章。认股人按照所认购股数缴纳股款。 第一百三十四条第一款　公司经国务院证券监督管理机构核准公开发行新股时，必须公告新股招股说明书和财务会计报告，并制作认股书。 第八十六条　招股说明书应当附有发起人制订的公司章程，并载明下列事项： （一）发起人认购的股份数； （二）每股的票面金额和发行价格； （三）无记名股票的发行总数； （四）募集资金的用途； （五）认股人的权利、义务；	**第一百五十四条　公司**向社会公开募集股份，**应当**经国务院证券监督管理机构**注册**，公告招股说明书。 招股说明书应当附有公司章程，并载明下列事项： （一）**发行的股份总数**； （二）**面额股**的票面金额和发行价格或者**无面额股的发行价格**； （三）募集资金的用途； （四）认股人的权利和义务； （五）**股份种类及其权利和义务**； （六）本次募股的起止**日期**及逾期未募足时认股人可以撤回所认股份的说明。 **公司设立时发行股份的，还应当载明发起人认购的股份数。** （本条由旧法第八十五条、第八十六条、第一百三十四条第一款整合并新增内容）

2018 年公司法 （阴影部分为修改或删除的内容）	2023 年公司法 （黑体部分为修改或增加的内容）
（六）本次募股的起止期限及逾期未募足时认股人可以撤回所认股份的说明。	
第八十七条 发起人向社会公开募集股份，应当由依法设立的证券公司承销，签订承销协议。	**第一百五十五条　公司**向社会公开募集股份，应当由依法设立的证券公司承销，签订承销协议。
第八十八条 发起人向社会公开募集股份，应当同银行签订代收股款协议。 代收股款的银行应当按照协议代收和保存股款，向缴纳股款的认股人出具收款单据，并负有向有关部门出具收款证明的义务。 **第一百三十六条**　公司发行新股募足股款后，必须向公司登记机关办理变更登记，并公告。	**第一百五十六条　公司**向社会公开募集股份，应当同银行签订代收股款协议。 代收股款的银行应当按照协议代收和保存股款，向缴纳股款的认股人出具收款单据，并负有向有关部门出具收款证明的义务。 公司发行**股份**募足股款后，**应予**公告。

2018 年公司法 （阴影部分为修改或删除的内容）	2023 年公司法 （黑体部分为修改或增加的内容）
第二节　股份转让	第二节　股份转让
第一百三十七条　股东持有的股份可以依法转让。	**第一百五十七条　股份有限公司的**股东持有的股份可以**向其他股东**转让，**也可以向股东以外的人转让；公司章程对股份转让有限制的，其转让按照公司章程的规定进行**。
第一百三十八条　股东转让其股份，应当在依法设立的证券交易场所进行或者按照国务院规定的其他方式进行。	**第一百五十八条**　股东转让其股份，应当在依法设立的证券交易场所进行或者按照国务院规定的其他方式进行。
第一百三十九条　记名股票，由股东以背书方式或者法律、行政法规规定的其他方式转让；转让后由公司将受让人的姓名或者名称及住所记载于股东名册。 股东大会召开前二十日内或者公司决定分配股利的基准日前五日内，不得进行前款规定的股东名册的变更登记。但是，法律对上市公司股东名册变更登记另有规定的，从其规定。	**第一百五十九条**　**股票的转让**，由股东以背书方式或者法律、行政法规规定的其他方式**进行**；转让后由公司将受让人的姓名或者名称及住所记载于股东名册。 股东会**会议**召开前二十日内或者公司决定分配股利的基准日前五日内，不得**变更**股东名册。法律、**行政法规或者国务院证券监督管理机构**对上市公司股东名册变更另有规定的，从其规定。

2018 年公司法 （阴影部分为修改或删除的内容）	2023 年公司法 （黑体部分为修改或增加的内容）
第一百四十条　无记名股票的转让，由股东将该股票交付给受让人后即发生转让的效力。	
第一百四十一条　发起人持有的本公司股份，自公司成立之日起一年内不得转让。公司公开发行股份前已发行的股份，自公司股票在证券交易所上市交易之日起一年内不得转让。 公司董事、监事、高级管理人员应当向公司申报所持有的本公司的股份及其变动情况，在任职期间每年转让的股份不得超过其所持有本公司股份总数的百分之二十五；所持本公司股份自公司股票上市交易之日起一年内不得转让。上述人员离职后半年内，不得转让其所持有的本公司股份。公司章程可以对公司董事、监事、高级管理人员转让其所持有的本公司股份作出其他限制性规定。	第一百六十条　公司公开发行股份前已发行的股份，自公司股票在证券交易所上市交易之日起一年内不得转让。**法律、行政法规或者国务院证券监督管理机构对上市公司的股东、实际控制人转让其所持有的本公司股份另有规定的，从其规定。** 公司董事、监事、高级管理人员应当向公司申报所持有的本公司的股份及其变动情况，在**就任时确定的**任职期间每年转让的股份不得超过其所持有本公司股份总数的百分之二十五；所持本公司股份自公司股票上市交易之日起一年内不得转让。上述人员离职后半年内，不得转让其所持有的本公司股份。公司章程可以对公司董事、监事、高级管理人员转让其所持有的本公司股份作出其他限制性规定。

2018 年公司法 （阴影部分为修改或删除的内容）	2023 年公司法 （黑体部分为修改或增加的内容）
	股份在法律、行政法规规定的限制转让期限内出质的，质权人不得在限制转让期限内行使质权。
	第一百六十一条　有下列情形之一的，对股东会该项决议投反对票的股东可以请求公司按照合理的价格收购其股份，公开发行股份的公司除外： （一）公司连续五年不向股东分配利润，而公司该五年连续盈利，并且符合本法规定的分配利润条件； （二）公司转让主要财产； （三）公司章程规定的营业期限届满或者章程规定的其他解散事由出现，股东会通过决议修改章程使公司存续。 自股东会决议作出之日起六十日内，股东与公司不能达成股份收购协议的，股东可以自股东会决议作出之日起九十日内向人民法院提起诉讼。 公司因本条第一款规定的情形收购的本公司股份，应当在六个月内依法转让或者注销。

2018 年公司法 （阴影部分为修改或删除的内容）	2023 年公司法 （黑体部分为修改或增加的内容）
第一百四十二条 公司不得收购本公司股份。但是，有下列情形之一的除外： （一）减少公司注册资本； （二）与持有本公司股份的其他公司合并； （三）将股份用于员工持股计划或者股权激励； （四）股东因对股东大会作出的公司合并、分立决议持异议，要求公司收购其股份； （五）将股份用于转换上市公司发行的可转换为股票的公司债券； （六）上市公司为维护公司价值及股东权益所必需。 公司因前款第（一）项、第（二）项规定的情形收购本公司股份的，应当经股东大会决议；公司因前款第（三）项、第（五）项、第（六）项规定的情形收购本公司股份的，可以依照公司章程的规定或者股东大会的授权，经三分之二以上董事出席的董事会会议决议。	**第一百六十二条** 公司不得收购本公司股份。但是，有下列情形之一的除外： （一）减少公司注册资本； （二）与持有本公司股份的其他公司合并； （三）将股份用于员工持股计划或者股权激励； （四）股东因对股东会作出的公司合并、分立决议持异议，要求公司收购其股份； （五）将股份用于转换公司发行的可转换为股票的公司债券； （六）上市公司为维护公司价值及股东权益所必需。 公司因前款第一项、第二项规定的情形收购本公司股份的，应当经股东会决议；公司因前款第三项、第五项、第六项规定的情形收购本公司股份的，可以按照公司章程或者股东会的授权，经三分之二以上董事出席的董事会会议决议。

2018 年公司法 （阴影部分为修改或删除的内容）	2023 年公司法 （黑体部分为修改或增加的内容）
公司依照本条第一款规定收购本公司股份后，属于第（一）项情形的，应当自收购之日起十日内注销；属于第（二）项、第（四）项情形的，应当在六个月内转让或者注销；属于第（三）项、第（五）项、第（六）项情形的，公司合计持有的本公司股份数不得超过本公司已发行股份总额的百分之十，并应当在三年内转让或者注销。 上市公司收购本公司股份的，应当依照《中华人民共和国证券法》的规定履行信息披露义务。上市公司因本条第一款第（三）项、第（五）项、第（六）项规定的情形收购本公司股份的，应当通过公开的集中交易方式进行。 公司不得接受本公司的股票作为质押权的标的。	公司依照本条第一款规定收购本公司股份后，属于第**一**项情形的，应当自收购之日起十日内注销；属于第**二**项、第**四**项情形的，应当在六个月内转让或者注销；属于第**三**项、第**五**项、第**六**项情形的，公司合计持有的本公司股份数不得超过本公司已发行股份总**数**的百分之十，并应当在三年内转让或者注销。 上市公司收购本公司股份的，应当依照《中华人民共和国证券法》的规定履行信息披露义务。上市公司因本条第一款第**三**项、第**五**项、第**六**项规定的情形收购本公司股份的，应当通过公开的集中交易方式进行。 公司不得接受本公司的股**份**作为质权的标的。

2018 年公司法 （阴影部分为修改或删除的内容）	2023 年公司法 （黑体部分为修改或增加的内容）
	第一百六十三条　公司不得为他人取得本公司或者其母公司的股份提供赠与、借款、担保以及其他财务资助，公司实施员工持股计划的除外。 **为公司利益，经股东会决议，或者董事会按照公司章程或者股东会的授权作出决议，公司可以为他人取得本公司或者其母公司的股份提供财务资助，但财务资助的累计总额不得超过已发行股本总额的百分之十。董事会作出决议应当经全体董事的三分之二以上通过。** **违反前两款规定，给公司造成损失的，负有责任的董事、监事、高级管理人员应当承担赔偿责任。**
第一百四十三条　记名股票被盗、遗失或者灭失，股东可以依照《中华人民共和国民事诉讼法》规定的公示催告程序，请求人民法院宣告该股票失效。人民法院宣告该股票失效后，股东可以向公司申请补发股票。	**第一百六十四条**　股票被盗、遗失或者灭失，股东可以依照《中华人民共和国民事诉讼法》规定的公示催告程序，请求人民法院宣告该股票失效。人民法院宣告该股票失效后，股东可以向公司申请补发股票。

2018年公司法 （阴影部分为修改或删除的内容）	2023年公司法 （黑体部分为修改或增加的内容）
第一百四十四条　上市公司的股票，依照有关法律、行政法规及证券交易所交易规则上市交易。	**第一百六十五条**　上市公司的股票，依照有关法律、行政法规及证券交易所交易规则上市交易。
第一百四十五条　上市公司必须依照法律、行政法规的规定，公开其财务状况、经营情况及重大诉讼，在每会计年度内半年公布一次财务会计报告。	**第一百六十六条**　上市公司**应当**依照法律、行政法规的规定**披露相关信息**。
第七十五条　自然人股东死亡后，其合法继承人可以继承股东资格；但是，公司章程另有规定的除外。	**第一百六十七条**　自然人股东死亡后，其合法继承人可以继承股东资格；但是，**股份转让受限的股份有限公司的**章程另有规定的除外。
第四节　国有独资公司的特别规定	**第七章　国家出资公司组织机构的特别规定**
第六十四条　国有独资公司的设立和组织机构，适用本节规定；本节没有规定的，适用本章第一节、第二节的规定。 本法所称国有独资公司，是指国家单独出资、由国务院或者地方人民政府授权本级人民政府国有资产监督管理机构履行出资人职责的有限责任公司。	**第一百六十八条**　**国家出资公司**的组织机构，适用本**章**规定；本**章**没有规定的，适用本**法其他**规定。 本法所称**国家出资**公司，是指国家出资**的国有独资公司、国有资本控股公司，包括国家出资的**有限责任公司、**股份有限公司**。

2018 年公司法 (阴影部分为修改或删除的内容)	2023 年公司法 (黑体部分为修改或增加的内容)
	第一百六十九条　国家出资公司,由国务院或者地方人民政府**分别代表国家依法**履行出资人职责,**享有出资人权益**。国务院或者地方人民政府**可以**授权国有资产监督管理机构**或者其他部门、机构代表本级人民政府对国家出资公司履行出资人职责。** **代表本级人民政府履行出资人职责的机构、部门,以下统称为履行出资人职责的机构。** (本两条由旧法第六十四条修改而来)
	第一百七十条　国家出资公司中中国共产党的组织,按照中国共产党章程的规定发挥领导作用,研究讨论公司重大经营管理事项,支持公司的组织机构依法行使职权。
第六十五条　国有独资公司章程由国有资产监督管理机构制定,或者由董事会制订报国有资产监督管理机构批准。	**第一百七十一条**　国有独资公司章程由**履行出资人职责的机构**制定。

2018 年公司法 （阴影部分为修改或删除的内容）	2023 年公司法 （黑体部分为修改或增加的内容）
第六十六条 国有独资公司不设股东会，由国有资产监督管理机构行使股东会职权。国有资产监督管理机构可以授权公司董事会行使股东会的部分职权，决定公司的重大事项，但公司的合并、分立、解散、增加或者减少注册资本和发行公司债券，必须由国有资产监督管理机构决定；其中，重要的国有独资公司合并、分立、解散、申请破产的，应当由国有资产监督管理机构审核后，报本级人民政府批准。 前款所称重要的国有独资公司，按照国务院的规定确定。	**第一百七十二条** 国有独资公司不设股东会，由**履行出资人职责的**机构行使股东会职权。**履行出资人职责的**机构可以授权公司董事会行使股东会的部分职权，但**公司章程的制定和修改**，公司的合并、分立、解散、**申请破产**，增加或者减少注册资本，**分配利润，应当由履行出资人职责的**机构决定。

2018 年公司法 (阴影部分为修改或删除的内容)	2023 年公司法 (黑体部分为修改或增加的内容)
第六十七条　国有独资公司设董事会，依照本法第四十六条、第六十六条的规定行使职权。董事每届任期不得超过三年。董事会成员中应当有公司职工代表。 董事会成员由国有资产监督管理机构委派；但是，董事会成员中的职工代表由公司职工代表大会选举产生。 董事会设董事长一人，可以设副董事长。董事长、副董事长由国有资产监督管理机构从董事会成员中指定。	**第一百七十三条**　国有独资公司**的**董事会依照本法规定行使职权。 国有独资公司的董事会成员中，**应当过半数为外部董事，并**应当有公司职工代表。 董事会成员由**履行出资人职责的**机构委派；但是，董事会成员中的职工代表由公司职工代表大会选举产生。 董事会设董事长一人，可以设副董事长。董事长、副董事长由**履行出资人职责的**机构从董事会成员中指定。
第六十八条　国有独资公司设经理，由董事会聘任或者解聘。经理依照本法第四十九条规定行使职权。 经国有资产监督管理机构同意，董事会成员可以兼任经理。	**第一百七十四条**　国有独资公司**的**经理由董事会聘任或者解聘。 经**履行出资人职责的**机构同意，董事会成员可以兼任经理。
第六十九条　国有独资公司的董事长、副董事长、董事、高级管理人员，未经国有资产监督管理机构同意，不得在其他有限责任公司、股份有限公司或者其他经济组织兼职。	**第一百七十五条**　国有独资公司的董事、高级管理人员，未经**履行出资人职责的**机构同意，不得在其他有限责任公司、股份有限公司或者其他经济组织兼职。

2018 年公司法 (阴影部分为修改或删除的内容)	2023 年公司法 (黑体部分为修改或增加的内容)
第七十条　国有独资公司监事会成员不得少于五人，其中职工代表的比例不得低于三分之一，具体比例由公司章程规定。 监事会成员由国有资产监督管理机构委派；但是，监事会成员中的职工代表由公司职工代表大会选举产生。监事会主席由国有资产监督管理机构从监事会成员中指定。 监事会行使本法第五十三条第（一）项至第（三）项规定的职权和国务院规定的其他职权。	**第一百七十六条　国有独资公司在董事会中设置由董事组成的审计委员会行使本法规定的监事会职权的，不设监事会或者监事。**
	第一百七十七条　国家出资公司应当依法建立健全内部监督管理和风险控制制度，加强内部合规管理。

2018 年公司法 （阴影部分为修改或删除的内容）	2023 年公司法 （黑体部分为修改或增加的内容）
第六章　公司董事、监事、高级管理人员的资格和义务	第八章　公司董事、监事、高级管理人员的资格和义务
第一百四十六条　有下列情形之一的，不得担任公司的董事、监事、高级管理人员： （一）无民事行为能力或者限制民事行为能力； （二）因贪污、贿赂、侵占财产、挪用财产或者破坏社会主义市场经济秩序，被判处刑罚，执行期满未逾五年，或者因犯罪被剥夺政治权利，执行期满未逾五年； （三）担任破产清算的公司、企业的董事或者厂长、经理，对该公司、企业的破产负有个人责任的，自该公司、企业破产清算完结之日起未逾三年； （四）担任因违法被吊销营业执照、责令关闭的公司、企业的法定代表人，并负有个人责任的，自该公司、企业被吊销营业执照之日起未逾三年； （五）个人所负数额较大的债务到期未清偿。 公司违反前款规定选举、委派董事、监事或者聘任高级管理人员的，该选举、委派或者聘任无效。	第一百七十八条　有下列情形之一的，不得担任公司的董事、监事、高级管理人员： （一）无民事行为能力或者限制民事行为能力； （二）因贪污、贿赂、侵占财产、挪用财产或者破坏社会主义市场经济秩序，被判处刑罚，或者因犯罪被剥夺政治权利，执行期满未逾五年，**被宣告缓刑的，自缓刑考验期满之日起未逾二年**； （三）担任破产清算的公司、企业的董事或者厂长、经理，对该公司、企业的破产负有个人责任的，自该公司、企业破产清算完结之日起未逾三年； （四）担任因违法被吊销营业执照、责令关闭的公司、企业的法定代表人，并负有个人责任的，自该公司、企业被吊销营业执照、**责令关闭**之日起未逾三年； （五）个人因所负数额较大债务到期未清偿**被人民法院列为失信被执行人**。

2018 年公司法 （阴影部分为修改或删除的内容）	2023 年公司法 （黑体部分为修改或增加的内容）
	违反前款规定选举、委派董事、监事或者聘任高级管理人员的，该选举、委派或者聘任无效。 （本条部分内容语序有变更但该部分内容无实质变更）
董事、监事、高级管理人员在任职期间出现本条第一款所列情形的，公司应当解除其职务。	董事、监事、高级管理人员在任职期间出现本条第一款所列情形的，公司应当解除其职务。
第一百四十七条第一款 董事、监事、高级管理人员应当遵守法律、行政法规和公司章程，对公司负有忠实义务和勤勉义务。	**第一百七十九条** 董事、监事、高级管理人员应当遵守法律、行政法规和公司章程。 **第一百八十条** 董事、监事、高级管理人员对公司负有忠实义务，**应当采取措施避免自身利益与公司利益冲突，不得利用职权牟取不正当利益。** 董事、监事、高级管理人员对公司负有勤勉义务，**执行职务应当为公司的最大利益尽到管理者通常应有的合理注意。** **公司的控股股东、实际控制人不担任公司董事但实际执行公司事务的，适用前两款规定。** （本条对旧法进行扩充后变更为两条）

2018 年公司法 （阴影部分为修改或删除的内容）	2023 年公司法 （黑体部分为修改或增加的内容）
第一百四十七条第二款 董事、监事、高级管理人员不得利用职权收受贿赂或者其他非法收入，不得侵占公司的财产。 **第一百四十八条第一款** 董事、高级管理人员不得有下列行为： （一）挪用公司资金； （二）将公司资金以其个人名义或者以其他个人名义开立账户存储； （三）违反公司章程的规定，未经股东会、股东大会或者董事会同意，将公司资金借贷给他人或者以公司财产为他人提供担保； （四）违反公司章程的规定或者未经股东会、股东大会同意，与本公司订立合同或者进行交易； （五）未经股东会或者股东大会同意，利用职务便利为自己或者他人谋取属于公司的商业机会，自营或者为他人经营与所任职公司同类的业务； （六）接受他人与公司交易的佣金归为己有； （七）擅自披露公司秘密； （八）违反对公司忠实义务的其他行为。	**第一百八十一条** 董事、**监事**、高级管理人员不得有下列行为： （一）**侵占公司财产**、挪用公司资金； （二）将公司资金以其个人名义或者以其他个人名义开立账户存储； （三）利用职权贿赂或者收受其他非法收入； （四）接受他人与公司交易的佣金归为己有； （五）擅自披露公司秘密； （六）违反对公司忠实义务的其他行为。 **第一百八十二条** 董事、**监事**、高级管理人员，**直接或者间接**与本公司订立合同或者进行交易，**应当就与订立合同或者进行交易有关的事项向董事会或者股东会报告，并按照**公司章程的规定经**董事会**或者股东会**决议通过**。 **董事、监事、高级管理人员的近亲属，董事、监事、高级管理人员或者其近亲属直接或者间接控制的企业，以及与董事、监事、高级管理人员有其他关联关系的关联人，与公司订立合同或者进行交易，适用前款规定。** （本两条主要由旧法第一百四十七条第二款、第一百四十八条第一款修改而成致项号及部分表述变更）

2018 年公司法 (阴影部分为修改或删除的内容)	2023 年公司法 (黑体部分为修改或增加的内容)
	第一百八十三条 董事、监事、高级管理人员,不得利用职务便利为自己或者他人谋取属于公司的商业机会。**但是,有下列情形之一的除外:** **(一)向董事会或者股东会报告,并按照公司章程的规定经董事会或者股东会决议通过;** **(二)根据法律、行政法规或者公司章程的规定,公司不能利用该商业机会。** **第一百八十四条** 董事、监事、高级管理人员**未向董事会或者股东会报告,并按照公司章程的规定经董事会或者股东会决议通过,**不得自营或者为他人经营与其任职公司同类的业务。
	第一百八十五条 董事会对本法第一百八十二条至第一百八十四条规定的事项决议时,关联董事不得参与表决,其表决权不计入表决权总数。出席董事会会议的无关联关系董事人数不足三人的,应当将该事项提交股东会审议。

2018 年公司法 （阴影部分为修改或删除的内容）	2023 年公司法 （黑体部分为修改或增加的内容）
第一百四十八条第二款 董事、高级管理人员违反前款规定所得的收入应当归公司所有。	**第一百八十六条** 董事、**监事**、高级管理人员违反**本法第一百八十一条至第一百八十四条**规定所得的收入应当归公司所有。
第一百五十条第一款 股东会或者股东大会要求董事、监事、高级管理人员列席会议的，董事、监事、高级管理人员应当列席并接受股东的质询。	**第一百八十七条** 股东会要求董事、监事、高级管理人员列席会议的，董事、监事、高级管理人员应当列席并接受股东的质询。
第一百四十九条 董事、监事、高级管理人员执行公司职务时违反法律、行政法规或者公司章程的规定，给公司造成损失的，应当承担赔偿责任。	**第一百八十八条** 董事、监事、高级管理人员执行职务违反法律、行政法规或者公司章程的规定，给公司造成损失的，应当承担赔偿责任。

2018 年公司法 （阴影部分为修改或删除的内容）	2023 年公司法 （黑体部分为修改或增加的内容）
第一百五十一条　董事、高级管理人员有本法第一百四十九条规定的情形的，有限责任公司的股东、股份有限公司连续一百八十日以上单独或者合计持有公司百分之一以上股份的股东，可以书面请求监事会或者不设监事会的有限责任公司的监事向人民法院提起诉讼；监事有本法第一百四十九条规定的情形的，前述股东可以书面请求董事会或者不设董事会的有限责任公司的执行董事向人民法院提起诉讼。 监事会、不设监事会的有限责任公司的监事，或者董事会、执行董事收到前款规定的股东书面请求后拒绝提起诉讼，或者自收到请求之日起三十日内未提起诉讼，或者情况紧急、不立即提起诉讼将会使公司利益受到难以弥补的损害的，前款规定的股东有权为了公司的利益以自己的名义直接向人民法院提起诉讼。 他人侵犯公司合法权益，给公司造成损失的，本条第一款规定的股东可以依照前两款的规定向人民法院提起诉讼。	**第一百八十九条**　董事、高级管理人员有**前**条规定的情形的，有限责任公司的股东、股份有限公司连续一百八十日以上单独或者合计持有公司百分之一以上股份的股东，可以书面请求监事会向人民法院提起诉讼；监事有**前**条规定的情形的，前述股东可以书面请求董事会向人民法院提起诉讼。 监事会或者董事会收到前款规定的股东书面请求后拒绝提起诉讼，或者自收到请求之日起三十日内未提起诉讼，或者情况紧急、不立即提起诉讼将会使公司利益受到难以弥补的损害的，前款规定的股东有权为公司利益以自己的名义直接向人民法院提起诉讼。 他人侵犯公司合法权益，给公司造成损失的，本条第一款规定的股东可以依照前两款的规定向人民法院提起诉讼。

2018 年公司法 (阴影部分为修改或删除的内容)	2023 年公司法 (黑体部分为修改或增加的内容)
	公司全资子公司的董事、监事、高级管理人员有前条规定情形,或者他人侵犯公司全资子公司合法权益造成损失的,有限责任公司的股东、股份有限公司连续一百八十日以上单独或者合计持有公司百分之一以上股份的股东,可以依照前三款规定书面请求全资子公司的监事会、董事会向人民法院提起诉讼或者以自己的名义直接向人民法院提起诉讼。
第一百五十二条 董事、高级管理人员违反法律、行政法规或者公司章程的规定,损害股东利益的,股东可以向人民法院提起诉讼。	**第一百九十条** 董事、高级管理人员违反法律、行政法规或者公司章程的规定,损害股东利益的,股东可以向人民法院提起诉讼。
	第一百九十一条 董事、高级管理人员执行职务,给他人造成损害的,公司应当承担赔偿责任;董事、高级管理人员存在故意或者重大过失的,也应当承担赔偿责任。

2018 年公司法 （阴影部分为修改或删除的内容）	2023 年公司法 （黑体部分为修改或增加的内容）
	第一百九十二条　公司的控股股东、实际控制人指示董事、高级管理人员从事损害公司或者股东利益的行为的，与该董事、高级管理人员承担连带责任。
	第一百九十三条　公司可以在董事任职期间为董事因执行公司职务承担的赔偿责任投保责任保险。 **公司为董事投保责任保险或者续保后，董事会应当向股东会报告责任保险的投保金额、承保范围及保险费率等内容。**
第七章　公司债券	**第九章　公司债券**
第一百五十三条　本法所称公司债券，是指公司依照法定程序发行、约定在一定期限还本付息的有价证券。 公司发行公司债券应当符合《中华人民共和国证券法》规定的发行条件。	**第一百九十四条**　本法所称公司债券，是指公司发行的约定**按期**还本付息的有价证券。 **公司债券可以公开发行，也可以非公开发行。** 公司债券**的发行和交易**应当符合《中华人民共和国证券法》**等法律、行政法规的**规定。

2018 年公司法 （阴影部分为修改或删除的内容）	2023 年公司法 （黑体部分为修改或增加的内容）
第一百五十四条 发行公司债券的申请经国务院授权的部门核准后，应当公告公司债券募集办法。 公司债券募集办法中应当载明下列主要事项： （一）公司名称； （二）债券募集资金的用途； （三）债券总额和债券的票面金额； （四）债券利率的确定方式； （五）还本付息的期限和方式； （六）债券担保情况； （七）债券的发行价格、发行的起止日期； （八）公司净资产额； （九）已发行的尚未到期的公司债券总额； （十）公司债券的承销机构。	**第一百九十五条 公开**发行公司债券，**应当**经国务院**证券监督管理机构注册**，公告公司债券募集办法。 公司债券募集办法应当载明下列主要事项： （一）公司名称； （二）债券募集资金的用途； （三）债券总额和债券的票面金额； （四）债券利率的确定方式； （五）还本付息的期限和方式； （六）债券担保情况； （七）债券的发行价格、发行的起止日期； （八）公司净资产额； （九）已发行的尚未到期的公司债券总额； （十）公司债券的承销机构。
第一百五十五条 公司以实物券方式发行公司债券的，必须在债券上载明公司名称、债券票面金额、利率、偿还期限等事项，并由法定代表人签名，公司盖章。	**第一百九十六条** 公司以**纸面形式**发行公司债券的，**应当**在债券上载明公司名称、债券票面金额、利率、偿还期限等事项，并由法定代表人签名，公司盖章。

2018 年公司法 (阴影部分为修改或删除的内容)	2023 年公司法 (黑体部分为修改或增加的内容)
第一百五十六条 公司债券,可以为记名债券,也可以为无记名债券。	**第一百九十七条** 公司债券**应当**为记名债券。
第一百五十七条 公司发行公司债券应当置备公司债券存根簿。 发行记名公司债券的,应当在公司债券存根簿上载明下列事项: (一)债券持有人的姓名或者名称及住所; (二)债券持有人取得债券的日期及债券的编号; (三)债券总额,债券的票面金额、利率、还本付息的期限和方式; (四)债券的发行日期。 发行无记名公司债券的,应当在公司债券存根簿上载明债券总额、利率、偿还期限和方式、发行日期及债券的编号。	**第一百九十八条** 公司发行公司债券应当置备公司债券**持有人名册**。 发行公司债券的,应当在公司债券**持有人名册**上载明下列事项: (一)债券持有人的姓名或者名称及住所; (二)债券持有人取得债券的日期及债券的编号; (三)债券总额,债券的票面金额、利率、还本付息的期限和方式; (四)债券的发行日期。
第一百五十八条 记名公司债券的登记结算机构应当建立债券登记、存管、付息、兑付等相关制度。	**第一百九十九条** 公司债券的登记结算机构应当建立债券登记、存管、付息、兑付等相关制度。

2018年公司法 (阴影部分为修改或删除的内容)	2023年公司法 (黑体部分为修改或增加的内容)
第一百五十九条 公司债券可以转让,转让价格由转让人与受让人约定。 公司债券在证券交易所上市交易的,按照证券交易所的交易规则转让。	**第二百条** 公司债券可以转让,转让价格由转让人与受让人约定。 公司债券**的转让应当符合法律、行政法规的规定**。
第一百六十条 记名公司债券,由债券持有人以背书方式或者法律、行政法规规定的其他方式转让;转让后由公司将受让人的姓名或者名称及住所记载于公司债券存根簿。 无记名公司债券的转让,由债券持有人将该债券交付给受让人后即发生转让的效力。	**第二百零一条** 公司债券由债券持有人以背书方式或者法律、行政法规规定的其他方式转让;转让后由公司将受让人的姓名或者名称及住所记载于公司债券**持有人名册**。
第一百六十一条 上市公司经股东大会决议可以发行可转换为股票的公司债券,并在公司债券募集办法中规定具体的转换办法。上市公司发行可转换为股票的公司债券,应当报国务院证券监督管理机构核准。 发行可转换为股票的公司债券,应当在债券上标明可转换公司债券字样,并在公司债券存根簿上载明可转换公司债券的数额。	**第二百零二条** **股份有限**公司经股东会决议,**或者经公司章程、股东会授权由董事会决议**,可以发行可转换为股票的公司债券,并规定具体的转换办法。上市公司发行可转换为股票的公司债券,应当经国务院证券监督管理机构**注册**。 发行可转换为股票的公司债券,应当在债券上标明可转换公司债券字样,并在公司债券**持有人名册**上载明可转换公司债券的数额。

2018 年公司法 （阴影部分为修改或删除的内容）	2023 年公司法 （黑体部分为修改或增加的内容）
第一百六十二条　发行可转换为股票的公司债券的，公司应当按照其转换办法向债券持有人换发股票，但债券持有人对转换股票或者不转换股票有选择权。	第二百零三条　发行可转换为股票的公司债券的，公司应当按照其转换办法向债券持有人换发股票，但债券持有人对转换股票或者不转换股票有选择权。**法律、行政法规另有规定的除外。**
	第二百零四条　公开发行公司债券的，应当为同期债券持有人设立债券持有人会议，并在债券募集办法中对债券持有人会议的召集程序、会议规则和其他重要事项作出规定。债券持有人会议可以对与债券持有人有利害关系的事项作出决议。 **除公司债券募集办法另有约定外，债券持有人会议决议对同期全体债券持有人发生效力。**
	第二百零五条　公开发行公司债券的，发行人应当为债券持有人聘请债券受托管理人，由其为债券持有人办理受领清偿、债权保全、与债券相关的诉讼以及参与债务人破产程序等事项。

2018 年公司法 （阴影部分为修改或删除的内容）	2023 年公司法 （黑体部分为修改或增加的内容）
	第二百零六条　债券受托管理人应当勤勉尽责，公正履行受托管理职责，不得损害债券持有人利益。 **受托管理人与债券持有人存在利益冲突可能损害债券持有人利益的，债券持有人会议可以决议变更债券受托管理人。** **债券受托管理人违反法律、行政法规或者债券持有人会议决议，损害债券持有人利益的，应当承担赔偿责任。**
第八章　公司财务、会计	**第十章　公司财务、会计**
第一百六十三条　公司应当依照法律、行政法规和国务院财政部门的规定建立本公司的财务、会计制度。	**第二百零七条**　公司应当依照法律、行政法规和国务院财政部门的规定建立本公司的财务、会计制度。
第一百六十四条　公司应当在每一会计年度终了时编制财务会计报告，并依法经会计师事务所审计。 财务会计报告应当依照法律、行政法规和国务院财政部门的规定制作。	**第二百零八条**　公司应当在每一会计年度终了时编制财务会计报告，并依法经会计师事务所审计。 财务会计报告应当依照法律、行政法规和国务院财政部门的规定制作。

2018 年公司法 （阴影部分为修改或删除的内容）	2023 年公司法 （黑体部分为修改或增加的内容）
第一百六十五条　有限责任公司应当依照公司章程规定的期限将财务会计报告送交各股东。 股份有限公司的财务会计报告应当在召开股东大会年会的二十日前置备于本公司，供股东查阅；公开发行股票的股份有限公司必须公告其财务会计报告。	**第二百零九条**　有限责任公司应当**按**照公司章程规定的期限将财务会计报告送交各股东。 股份有限公司的财务会计报告应当在召开股东会年会的二十日前置备于本公司，供股东查阅；公开发行股**份**的股份有限公司**应当**公告其财务会计报告。

2018 年公司法 （阴影部分为修改或删除的内容）	2023 年公司法 （黑体部分为修改或增加的内容）
第三十四条 股东按照实缴的出资比例分取红利；公司新增资本时，股东有权优先按照实缴的出资比例认缴出资。但是，全体股东约定不按照出资比例分取红利或者不按照出资比例优先认缴出资的除外。 **第一百六十六条** 公司分配当年税后利润时，应当提取利润的百分之十列入公司法定公积金。公司法定公积金累计额为公司注册资本的百分之五十以上的，可以不再提取。 公司的法定公积金不足以弥补以前年度亏损的，在依照前款规定提取法定公积金之前，应当先用当年利润弥补亏损。 公司从税后利润中提取法定公积金后，经股东会或者股东大会决议，还可以从税后利润中提取任意公积金。 公司弥补亏损和提取公积金后所余税后利润，有限责任公司依照本法第三十四条的规定分配；股份有限公司按照股东持有的股份比例分配，但股份有限公司章程规定不按持股比例分配的除外。	**第二百一十条** 公司分配当年税后利润时，应当提取利润的百分之十列入公司法定公积金。公司法定公积金累计额为公司注册资本的百分之五十以上的，可以不再提取。 公司的法定公积金不足以弥补以前年度亏损的，在依照前款规定提取法定公积金之前，应当先用当年利润弥补亏损。 公司从税后利润中提取法定公积金后，经股东会决议，还可以从税后利润中提取任意公积金。 公司弥补亏损和提取公积金后所余税后利润，有限责任公司**按照股东实缴的出资比例**分配**利润**，全体股东约定不按照出资比例分配利润的除外；股份有限公司按照股东**所**持有的股份比例分配**利润**，公司章程**另有**规定的除外。 公司持有的本公司股份不得分配利润。 （本条由旧法第三十四条、第一百六十六条整合而成）

2018 年公司法 （阴影部分为修改或删除的内容）	2023 年公司法 （黑体部分为修改或增加的内容）
股东会、股东大会或者董事会违反前款规定，在公司弥补亏损和提取法定公积金之前向股东分配利润的，股东必须将违反规定分配的利润退还公司。 公司持有的本公司股份不得分配利润。	**第二百一十一条** 公司违反**本法**规定向股东分配利润的，股东**应当**将违反规定分配的利润退还公司；**给公司造成损失的，股东及负有责任的董事、监事、高级管理人员应当承担赔偿责任。**
	第二百一十二条 股东会作出分配利润的决议的，董事会应当在股东会决议作出之日起六个月内进行分配。
第一百六十七条 股份有限公司以超过股票票面金额的发行价格发行股份所得的溢价款以及国务院财政部门规定列入资本公积金的其他收入，应当列为公司资本公积金。	**第二百一十三条** 公司以超过股票票面金额的发行价格发行股份所得的溢价款、**发行无面额股所得股款未计入注册资本的金额**以及国务院财政部门规定列入资本公积金的其他项目，应当列为公司资本公积金。

2018 年公司法 （阴影部分为修改或删除的内容）	2023 年公司法 （黑体部分为修改或增加的内容）
第一百六十八条 公司的公积金用于弥补公司的亏损、扩大公司生产经营或者转为增加公司资本。但是，资本公积金不得用于弥补公司的亏损。 法定公积金转为资本时，所留存的该项公积金不得少于转增前公司注册资本的百分之二十五。	**第二百一十四条** 公司的公积金用于弥补公司的亏损、扩大公司生产经营或者转为增加公司**注册**资本。 **公积金弥补公司亏损，应当先使用任意公积金和法定公积金；仍不能弥补的，可以按照规定使用资本公积金。** 法定公积金转为**增加注册**资本时，所留存的该项公积金不得少于转增前公司注册资本的百分之二十五。
第一百六十九条 公司聘用、解聘承办公司审计业务的会计师事务所，依照公司章程的规定，由股东会、股东大会或者董事会决定。 公司股东会、股东大会或者董事会就解聘会计师事务所进行表决时，应当允许会计师事务所陈述意见。	**第二百一十五条** 公司聘用、解聘承办公司审计业务的会计师事务所，**按**照公司章程的规定，由股东会、董事会**或者监事会**决定。 公司股东会、董事会**或者监事会**就解聘会计师事务所进行表决时，应当允许会计师事务所陈述意见。
第一百七十条 公司应当向聘用的会计师事务所提供真实、完整的会计凭证、会计账簿、财务会计报告及其他会计资料，不得拒绝、隐匿、谎报。	**第二百一十六条** 公司应当向聘用的会计师事务所提供真实、完整的会计凭证、会计账簿、财务会计报告及其他会计资料，不得拒绝、隐匿、谎报。

2018 年公司法 （阴影部分为修改或删除的内容）	2023 年公司法 （黑体部分为修改或增加的内容）
第一百七十一条　公司除法定的会计账簿外，不得另立会计账簿。 对公司资产，不得以任何个人名义开立账户存储。	**第二百一十七条**　公司除法定的会计账簿外，不得另立会计账簿。 对公司资**金**，不得以任何个人名义开立账户存储。
第九章　公司合并、分立、增资、减资	**第十一章　公司合并、分立、增资、减资**
第一百七十二条　公司合并可以采取吸收合并或者新设合并。 一个公司吸收其他公司为吸收合并，被吸收的公司解散。两个以上公司合并设立一个新的公司为新设合并，合并各方解散。	**第二百一十八条**　公司合并可以采取吸收合并或者新设合并。 一个公司吸收其他公司为吸收合并，被吸收的公司解散。两个以上公司合并设立一个新的公司为新设合并，合并各方解散。

2018 年公司法 （阴影部分为修改或删除的内容）	2023 年公司法 （黑体部分为修改或增加的内容）
	第二百一十九条　公司与其持股百分之九十以上的公司合并，被合并的公司不需经股东会决议，但应当通知其他股东，其他股东有权请求公司按照合理的价格收购其股权或者股份。 **公司合并支付的价款不超过本公司净资产百分之十的，可以不经股东会决议；但是，公司章程另有规定的除外。** **公司依照前两款规定合并不经股东会决议的，应当经董事会决议。**
第一百七十三条　公司合并，应当由合并各方签订合并协议，并编制资产负债表及财产清单。公司应当自作出合并决议之日起十日内通知债权人，并于三十日内在报纸上公告。债权人自接到通知书之日起三十日内，未接到通知书的自公告之日起四十五日内，可以要求公司清偿债务或者提供相应的担保。	**第二百二十条**　公司合并，应当由合并各方签订合并协议，并编制资产负债表及财产清单。公司应当自作出合并决议之日起十日内通知债权人，并于三十日内在报纸上**或者国家企业信用信息公示系统**公告。债权人自接到通知之日起三十日内，未接到通知的自公告之日起四十五日内，可以要求公司清偿债务或者提供相应的担保。

2018 年公司法 （阴影部分为修改或删除的内容）	2023 年公司法 （黑体部分为修改或增加的内容）
第一百七十四条　公司合并时，合并各方的债权、债务，应当由合并后存续的公司或者新设的公司承继。	**第二百二十一条**　公司合并时，合并各方的债权、债务，应当由合并后存续的公司或者新设的公司承继。
第一百七十五条　公司分立，其财产作相应的分割。 公司分立，应当编制资产负债表及财产清单。公司应当自作出分立决议之日起十日内通知债权人，并于三十日内在报纸上公告。	**第二百二十二条**　公司分立，其财产作相应的分割。 公司分立，应当编制资产负债表及财产清单。公司应当自作出分立决议之日起十日内通知债权人，并于三十日内在报纸上**或者国家企业信用信息公示系统**公告。
第一百七十六条　公司分立前的债务由分立后的公司承担连带责任。但是，公司在分立前与债权人就债务清偿达成的书面协议另有约定的除外。	**第二百二十三条**　公司分立前的债务由分立后的公司承担连带责任。但是，公司在分立前与债权人就债务清偿达成的书面协议另有约定的除外。

2018 年公司法 (阴影部分为修改或删除的内容)	2023 年公司法 (黑体部分为修改或增加的内容)
第一百七十七条 公司需要减少注册资本时,必须编制资产负债表及财产清单。 公司应当自作出减少注册资本决议之日起十日内通知债权人,并于三十日内在报纸上公告。债权人自接到通知书之日起三十日内,未接到通知书的自公告之日起四十五日内,有权要求公司清偿债务或者提供相应的担保。	**第二百二十四条** 公司减少注册资本,**应当**编制资产负债表及财产清单。 公司应当自**股东会**作出减少注册资本决议之日起十日内通知债权人,并于三十日内在报纸上**或者国家企业信用信息公示系统**公告。债权人自接到通知之日起三十日内,未接到通知的自公告之日起四十五日内,有权要求公司清偿债务或者提供相应的担保。 **公司减少注册资本,应当按照股东出资或者持有股份的比例相应减少出资额或者股份,法律另有规定、有限责任公司全体股东另有约定或者股份有限公司章程另有规定的除外。**

2018 年公司法 （阴影部分为修改或删除的内容）	2023 年公司法 （黑体部分为修改或增加的内容）
	第二百二十五条　**公司依照本法第二百一十四条第二款的规定弥补亏损后，仍有亏损的，可以减少注册资本弥补亏损。减少注册资本弥补亏损的，公司不得向股东分配，也不得免除股东缴纳出资或者股款的义务。** **依照前款规定减少注册资本的，不适用前条第二款的规定，但应当自股东会作出减少注册资本决议之日起三十日内在报纸上或者国家企业信用信息公示系统公告。** **公司依照前两款的规定减少注册资本后，在法定公积金和任意公积金累计额达到公司注册资本百分之五十前，不得分配利润。**
	第二百二十六条　**违反本法规定减少注册资本的，股东应当退还其收到的资金，减免股东出资的应当恢复原状；给公司造成损失的，股东及负有责任的董事、监事、高级管理人员应当承担赔偿责任。**

2018 年公司法 （阴影部分为修改或删除的内容）	2023 年公司法 （黑体部分为修改或增加的内容）
第三十四条 股东按照实缴的出资比例分取红利；公司新增资本时，股东有权优先按照实缴的出资比例认缴出资。但是，全体股东约定不按照出资比例分取红利或者不按照出资比例优先认缴出资的除外。	**第二百二十七条 有限责任公司增加注册**资本时，股东**在同等条件下**有权优先按照实缴的出资比例认缴出资。但是，全体股东约定不按照出资比例优先认缴出资的除外。 **股份有限公司为增加注册资本发行新股时，股东不享有优先认购权，公司章程另有规定或者股东会决议决定股东享有优先认购权的除外。**
第一百七十八条 有限责任公司增加注册资本时，股东认缴新增资本的出资，依照本法设立有限责任公司缴纳出资的有关规定执行。 股份有限公司为增加注册资本发行新股时，股东认购新股，依照本法设立股份有限公司缴纳股款的有关规定执行。	**第二百二十八条** 有限责任公司增加注册资本时，股东认缴新增资本的出资，依照本法设立有限责任公司缴纳出资的有关规定执行。 股份有限公司为增加注册资本发行新股时，股东认购新股，依照本法设立股份有限公司缴纳股款的有关规定执行。

2018 年公司法 （阴影部分为修改或删除的内容）	2023 年公司法 （黑体部分为修改或增加的内容）
第一百七十九条　公司合并或者分立，登记事项发生变更的，应当依法向公司登记机关办理变更登记；公司解散的，应当依法办理公司注销登记；设立新公司的，应当依法办理公司设立登记。 公司增加或者减少注册资本，应当依法向公司登记机关办理变更登记。	
第十章　公司解散和清算	**第十二章　公司解散和清算**
第一百八十条　公司因下列原因解散： （一）公司章程规定的营业期限届满或者公司章程规定的其他解散事由出现； （二）股东会或者股东大会决议解散； （三）因公司合并或者分立需要解散； （四）依法被吊销营业执照、责令关闭或者被撤销； （五）人民法院依照本法第一百八十二条的规定予以解散。	第二百二十九条　公司因下列原因解散： （一）公司章程规定的营业期限届满或者公司章程规定的其他解散事由出现； （二）股东会决议解散； （三）因公司合并或者分立需要解散； （四）依法被吊销营业执照、责令关闭或者被撤销； （五）人民法院依照本法第**二百三十一**条的规定予以解散。 **公司出现前款规定的解散事由，应当在十日内将解散事由通过国家企业信用信息公示系统予以公示。**

2018 年公司法 （阴影部分为修改或删除的内容）	2023 年公司法 （黑体部分为修改或增加的内容）
第一百八十一条 公司有本法第一百八十条第（一）项情形的，可以通过修改公司章程而存续。 依照前款规定修改公司章程，有限责任公司须经持有三分之二以上表决权的股东通过，股份有限公司须经出席股东大会会议的股东所持表决权的三分之二以上通过。	**第二百三十条** 公司有**前条第一款第一项、第二项**情形，**且尚未向股东分配财产**的，可以通过修改公司章程**或者经股东会决议**而存续。 依照前款规定修改公司章程**或者经股东会决议**，有限责任公司须经持有三分之二以上表决权的股东通过，股份有限公司须经出席股东会会议的股东所持表决权的三分之二以上通过。
第一百八十二条 公司经营管理发生严重困难，继续存续会使股东利益受到重大损失，通过其他途径不能解决的，持有公司全部股东表决权百分之十以上的股东，可以请求人民法院解散公司。	**第二百三十一条** 公司经营管理发生严重困难，继续存续会使股东利益受到重大损失，通过其他途径不能解决的，持有公司百分之十以上表决权的股东，可以请求人民法院解散公司。

2018年公司法 (阴影部分为修改或删除的内容)	**2023年公司法** (黑体部分为修改或增加的内容)
第一百八十三条 公司因本法第一百八十条第(一)项、第(二)项、第(四)项、第(五)项规定而解散的,应当在解散事由出现之日起十五日内成立清算组,开始清算。有限责任公司的清算组由股东组成,股份有限公司的清算组由董事或者股东大会确定的人员组成。逾期不成立清算组进行清算的,债权人可以申请人民法院指定有关人员组成清算组进行清算。人民法院应当受理该申请,并及时组织清算组进行清算。	**第二百三十二条** 公司因本法第**二百二十九条第一款**第一项、第二项、第四项、第五项规定而解散的,**应当清算。董事为公司清算义务人**,应当在解散事由出现之日起十五日内**组成**清算组**进行**清算。 清算组由董事组成,**但是公司章程另有规定或者股东会决议另选他人的除外。** **清算义务人未及时履行清算义务,给公司或者债权人造成损失的,应当承担赔偿责任。** **第二百三十三条** **公司依照前条第一款的规定应当清算**,逾期不成立清算组进行清算**或者成立清算组后不清算的,利害关系人**可以申请人民法院指定有关人员组成清算组进行清算。人民法院应当受理该申请,并及时组织清算组进行清算。 **公司因本法第二百二十九条第一款第四项的规定而解散的,作出吊销营业执照、责令关闭或者撤销决定的部门或者公司登记机关,可以申请人民法院指定有关人员组成清算组进行清算。** (本两条在旧法第一百八十三条基础上予以完善)

2018 年公司法 （阴影部分为修改或删除的内容）	2023 年公司法 （黑体部分为修改或增加的内容）
第一百八十四条　清算组在清算期间行使下列职权： （一）清理公司财产，分别编制资产负债表和财产清单； （二）通知、公告债权人； （三）处理与清算有关的公司未了结的业务； （四）清缴所欠税款以及清算过程中产生的税款； （五）清理债权、债务； （六）处理公司清偿债务后的剩余财产； （七）代表公司参与民事诉讼活动。	**第二百三十四条**　清算组在清算期间行使下列职权： （一）清理公司财产，分别编制资产负债表和财产清单； （二）通知、公告债权人； （三）处理与清算有关的公司未了结的业务； （四）清缴所欠税款以及清算过程中产生的税款； （五）清理债权、债务； （六）**分配**公司清偿债务后的剩余财产； （七）代表公司参与民事诉讼活动。
第一百八十五条　清算组应当自成立之日起十日内通知债权人，并于六十日内在报纸上公告。债权人应当自接到通知书之日起三十日内，未接到通知书的自公告之日起四十五日内，向清算组申报其债权。 债权人申报债权，应当说明债权的有关事项，并提供证明材料。清算组应当对债权进行登记。 在申报债权期间，清算组不得对债权人进行清偿。	**第二百三十五条**　清算组应当自成立之日起十日内通知债权人，并于六十日内在报纸上**或者国家企业信用信息公示系统**公告。债权人应当自接到通知之日起三十日内，未接到通知的自公告之日起四十五日内，向清算组申报其债权。 债权人申报债权，应当说明债权的有关事项，并提供证明材料。清算组应当对债权进行登记。 在申报债权期间，清算组不得对债权人进行清偿。

2018 年公司法 （阴影部分为修改或删除的内容）	2023 年公司法 （黑体部分为修改或增加的内容）
第一百八十六条 清算组在清理公司财产、编制资产负债表和财产清单后，应当制定清算方案，并报股东会、股东大会或者人民法院确认。 公司财产在分别支付清算费用、职工的工资、社会保险费用和法定补偿金，缴纳所欠税款，清偿公司债务后的剩余财产，有限责任公司按照股东的出资比例分配，股份有限公司按照股东持有的股份比例分配。 清算期间，公司存续，但不得开展与清算无关的经营活动。公司财产在未依照前款规定清偿前，不得分配给股东。	**第二百三十六条** 清算组在清理公司财产、编制资产负债表和财产清单后，应当制**订**清算方案，并报股东会或者人民法院确认。 公司财产在分别支付清算费用、职工的工资、社会保险费用和法定补偿金，缴纳所欠税款，清偿公司债务后的剩余财产，有限责任公司按照股东的出资比例分配，股份有限公司按照股东持有的股份比例分配。 清算期间，公司存续，但不得开展与清算无关的经营活动。公司财产在未依照前款规定清偿前，不得分配给股东。
第一百八十七条 清算组在清理公司财产、编制资产负债表和财产清单后，发现公司财产不足清偿债务的，应当依法向人民法院申请宣告破产。 公司经人民法院裁定宣告破产后，清算组应当将清算事务移交给人民法院。	**第二百三十七条** 清算组在清理公司财产、编制资产负债表和财产清单后，发现公司财产不足清偿债务的，应当依法向人民法院申请破产**清算**。 人民法院**受理**破产**申请**后，清算组应当将清算事务移交给人民法院**指定的破产管理人**。

2018 年公司法 （阴影部分为修改或删除的内容）	2023 年公司法 （黑体部分为修改或增加的内容）
第一百八十九条 清算组成员应当忠于职守，依法履行清算义务。 清算组成员不得利用职权收受贿赂或者其他非法收入，不得侵占公司财产。 清算组成员因故意或者重大过失给公司或者债权人造成损失的，应当承担赔偿责任。	**第二百三十八条** 清算组成员履行清算**职责，负有忠实义务和勤勉义务**。 清算组成员**怠于履行清算职责**，给公司造成损失的，应当承担赔偿责任；因故意或者重大过失给债权人造成损失的，应当承担赔偿责任。
第一百八十八条 公司清算结束后，清算组应当制作清算报告，报股东会、股东大会或者人民法院确认，并报送公司登记机关，申请注销公司登记，公告公司终止。	**第二百三十九条** 公司清算结束后，清算组应当制作清算报告，报股东会或者人民法院确认，并报送公司登记机关，申请注销公司登记。

2018 年公司法 （阴影部分为修改或删除的内容）	2023 年公司法 （黑体部分为修改或增加的内容）
	第二百四十条　公司在存续期间未产生债务，或者已清偿全部债务的，经全体股东承诺，可以按照规定通过简易程序注销公司登记。 **通过简易程序注销公司登记，应当通过国家企业信用信息公示系统予以公告，公告期限不少于二十日。公告期限届满后，未有异议的，公司可以在二十日内向公司登记机关申请注销公司登记。** **公司通过简易程序注销公司登记，股东对本条第一款规定的内容承诺不实的，应当对注销登记前的债务承担连带责任。**
	第二百四十一条　公司被吊销营业执照、责令关闭或者被撤销，满三年未向公司登记机关申请注销公司登记的，公司登记机关可以通过国家企业信用信息公示系统予以公告，公告期限不少于六十日。公告期限届满后，未有异议的，公司登记机关可以注销公司登记。 **依照前款规定注销公司登记的，原公司股东、清算义务人的责任不受影响。**

2018年公司法 （阴影部分为修改或删除的内容）	2023年公司法 （黑体部分为修改或增加的内容）
第一百九十条 公司被依法宣告破产的，依照有关企业破产的法律实施破产清算。	**第二百四十二条** 公司被依法宣告破产的，依照有关企业破产的法律实施破产清算。
第十一章 外国公司的分支机构	**第十三章 外国公司的分支机构**
第一百九十一条 本法所称外国公司是指依照外国法律在中国境外设立的公司。	**第二百四十三条** 本法所称外国公司，是指依照外国法律在中**华人民共和**国境外设立的公司。
第一百九十二条 外国公司在中国境内设立分支机构，必须向中国主管机关提出申请，并提交其公司章程、所属国的公司登记证书等有关文件，经批准后，向公司登记机关依法办理登记，领取营业执照。 外国公司分支机构的审批办法由国务院另行规定。	**第二百四十四条** 外国公司在中**华人民共和**国境内设立分支机构，**应当**向中国主管机关提出申请，并提交其公司章程、所属国的公司登记证书等有关文件，经批准后，向公司登记机关依法办理登记，领取营业执照。 外国公司分支机构的审批办法由国务院另行规定。

2018 年公司法 （阴影部分为修改或删除的内容）	2023 年公司法 （黑体部分为修改或增加的内容）
第一百九十三条 外国公司在中国境内设立分支机构，必须在中国境内指定负责该分支机构的代表人或者代理人，并向该分支机构拨付与其所从事的经营活动相适应的资金。 对外国公司分支机构的经营资金需要规定最低限额的，由国务院另行规定。	**第二百四十五条** 外国公司在中**华人民共和**国境内设立分支机构，**应当**在中**华人民共和**国境内指定负责该分支机构的代表人或者代理人，并向该分支机构拨付与其所从事的经营活动相适应的资金。 对外国公司分支机构的经营资金需要规定最低限额的，由国务院另行规定。
第一百九十四条 外国公司的分支机构应当在其名称中标明该外国公司的国籍及责任形式。 外国公司的分支机构应当在本机构中置备该外国公司章程。	**第二百四十六条** 外国公司的分支机构应当在其名称中标明该外国公司的国籍及责任形式。 外国公司的分支机构应当在本机构中置备该外国公司章程。
第一百九十五条 外国公司在中国境内设立的分支机构不具有中国法人资格。 外国公司对其分支机构在中国境内进行经营活动承担民事责任。	**第二百四十七条** 外国公司在中**华人民共和**国境内设立的分支机构不具有中国法人资格。 外国公司对其分支机构在中**华人民共和**国境内进行经营活动承担民事责任。

2018 年公司法 （阴影部分为修改或删除的内容）	2023 年公司法 （黑体部分为修改或增加的内容）
第一百九十六条　经批准设立的外国公司分支机构，在中国境内从事业务活动，必须遵守中国的法律，不得损害中国的社会公共利益，其合法权益受中国法律保护。	**第二百四十八条**　经批准设立的外国公司分支机构，在中**华人民共和**国境内从事业务活动，**应当**遵守中国的法律，不得损害中国的社会公共利益，其合法权益受中国法律保护。
第一百九十七条　外国公司撤销其在中国境内的分支机构时，必须依法清偿债务，依照本法有关公司清算程序的规定进行清算。未清偿债务之前，不得将其分支机构的财产移至中国境外。	**第二百四十九条**　外国公司撤销其在中**华人民共和**国境内的分支机构时，**应当**依法清偿债务，依照本法有关公司清算程序的规定进行清算。未清偿债务之前，不得将其分支机构的财产转移至中**华人民共和**国境外。

2018年公司法 （阴影部分为修改或删除的内容）	2023年公司法 （黑体部分为修改或增加的内容）
第十二章　法律责任	**第十四章　法律责任**
第一百九十八条　违反本法规定，虚报注册资本、提交虚假材料或者采取其他欺诈手段隐瞒重要事实取得公司登记的，由公司登记机关责令改正，对虚报注册资本的公司，处以虚报注册资本金额百分之五以上百分之十五以下的罚款；对提交虚假材料或者采取其他欺诈手段隐瞒重要事实的公司，处以五万元以上五十万元以下的罚款；情节严重的，撤销公司登记或者吊销营业执照。	**第二百五十条**　违反本法规定，虚报注册资本、提交虚假材料或者采取其他欺诈手段隐瞒重要事实取得公司登记的，由公司登记机关责令改正，对虚报注册资本的公司，处以虚报注册资本金额百分之五以上百分之十五以下的罚款；对提交虚假材料或者采取其他欺诈手段隐瞒重要事实的公司，处以五万元以上二百万元以下的罚款；情节严重的，吊销营业执照；**对直接负责的主管人员和其他直接责任人员处以三万元以上三十万元以下的罚款。**
	第二百五十一条　公司未依照本法第四十条规定公示有关信息或者不如实公示有关信息的，由公司登记机关责令改正，可以处以一万元以上五万元以下的罚款。情节严重的，处以五万元以上二十万元以下的罚款；对直接负责的主管人员和其他直接责任人员处以一万元以上十万元以下的罚款。

2018 年公司法 （阴影部分为修改或删除的内容）	2023 年公司法 （黑体部分为修改或增加的内容）
第一百九十九条　公司的发起人、股东虚假出资，未交付或者未按期交付作为出资的货币或者非货币财产的，由公司登记机关责令改正，处以虚假出资金额百分之五以上百分之十五以下的罚款。	**第二百五十二条**　公司的发起人、股东虚假出资，未交付或者未按期交付作为出资的货币或者非货币财产的，由公司登记机关责令改正，**可以处以五万元以上二十万元以下的罚款；情节严重的，**处以虚假出资或者未出资金额百分之五以上百分之十五以下的罚款；**对直接负责的主管人员和其他直接责任人员处以一万元以上十万元以下的罚款。**
第二百条　公司的发起人、股东在公司成立后，抽逃其出资的，由公司登记机关责令改正，处以所抽逃出资金额百分之五以上百分之十五以下的罚款。	**第二百五十三条**　公司的发起人、股东在公司成立后，抽逃其出资的，由公司登记机关责令改正，处以所抽逃出资金额百分之五以上百分之十五以下的罚款；**对直接负责的主管人员和其他直接责任人员处以三万元以上三十万元以下的罚款。**

2018 年公司法 （阴影部分为修改或删除的内容）	2023 年公司法 （黑体部分为修改或增加的内容）
第二百零一条 公司违反本法规定，在法定的会计账簿以外另立会计账簿的，由县级以上人民政府财政部门责令改正，处以五万元以上五十万元以下的罚款。 **第二百零二条** 公司在依法向有关主管部门提供的财务会计报告等材料上作虚假记载或者隐瞒重要事实的，由有关主管部门对直接负责的主管人员和其他直接责任人员处以三万元以上三十万元以下的罚款。 **第二百零三条** 公司不依照本法规定提取法定公积金的，由县级以上人民政府财政部门责令如数补足应当提取的金额，可以对公司处以二十万元以下的罚款。	**第二百五十四条** 有下列行为之一的，由县级以上人民政府财政部门**依照《中华人民共和国会计法》等法律、行政法规的规定处罚：** **（一）**在法定的会计账簿以外另立会计账簿； **（二）**提供**存在**虚假记载或者隐瞒重要事实的财务会计报告。
第二百零四条第一款 公司在合并、分立、减少注册资本或者进行清算时，不依照本法规定通知或者公告债权人的，由公司登记机关责令改正，对公司处以一万元以上十万元以下的罚款。	**第二百五十五条** 公司在合并、分立、减少注册资本或者进行清算时，不依照本法规定通知或者公告债权人的，由公司登记机关责令改正，对公司处以一万元以上十万元以下的罚款。

2018 年公司法 (阴影部分为修改或删除的内容)	2023 年公司法 (黑体部分为修改或增加的内容)
第二百零四条第二款 公司在进行清算时,隐匿财产,对资产负债表或者财产清单作虚假记载或者在未清偿债务前分配公司财产的,由公司登记机关责令改正,对公司处以隐匿财产或者未清偿债务前分配公司财产金额百分之五以上百分之十以下的罚款;对直接负责的主管人员和其他直接责任人员处以一万元以上十万元以下的罚款。 **第二百零五条** 公司在清算期间开展与清算无关的经营活动的,由公司登记机关予以警告,没收违法所得。 **第二百零六条** 清算组不依照本法规定向公司登记机关报送清算报告,或者报送清算报告隐瞒重要事实或者有重大遗漏的,由公司登记机关责令改正。 清算组成员利用职权徇私舞弊、谋取非法收入或者侵占公司财产的,由公司登记机关责令退还公司财产,没收违法所得,并可以处以违法所得一倍以上五倍以下的罚款。	**第二百五十六条** 公司在进行清算时,隐匿财产,对资产负债表或者财产清单作虚假记载,或者在未清偿债务前分配公司财产的,由公司登记机关责令改正,对公司处以隐匿财产或者未清偿债务前分配公司财产金额百分之五以上百分之十以下的罚款;对直接负责的主管人员和其他直接责任人员处以一万元以上十万元以下的罚款。

2018 年公司法 （阴影部分为修改或删除的内容）	2023 年公司法 （黑体部分为修改或增加的内容）
第二百零七条 承担资产评估、验资或者验证的机构提供虚假材料的，由公司登记机关没收违法所得，处以违法所得一倍以上五倍以下的罚款，并可以由有关主管部门依法责令该机构停业、吊销直接责任人员的资格证书，吊销营业执照。 承担资产评估、验资或者验证的机构因过失提供有重大遗漏的报告的，由公司登记机关责令改正，情节较重的，处以所得收入一倍以上五倍以下的罚款，并可以由有关主管部门依法责令该机构停业、吊销直接责任人员的资格证书，吊销营业执照。 承担资产评估、验资或者验证的机构因其出具的评估结果、验资或者验证证明不实，给公司债权人造成损失的，除能够证明自己没有过错的外，在其评估或者证明不实的金额范围内承担赔偿责任。	**第二百五十七条** 承担资产评估、验资或者验证的机构提供虚假材料**或者提供有重大遗漏的报告**的，由**有关部门依照《中华人民共和国资产评估法》、《中华人民共和国注册会计师法》等法律、行政法规的规定处罚**。 承担资产评估、验资或者验证的机构因其出具的评估结果、验资或者验证证明不实，给公司债权人造成损失的，除能够证明自己没有过错的外，在其评估或者证明不实的金额范围内承担赔偿责任。

2018 年公司法 （阴影部分为修改或删除的内容）	2023 年公司法 （黑体部分为修改或增加的内容）
第二百零八条 公司登记机关对不符合本法规定条件的登记申请予以登记，或者对符合本法规定条件的登记申请不予登记的，对直接负责的主管人员和其他直接责任人员，依法给予行政处分。 **第二百零九条** 公司登记机关的上级部门强令公司登记机关对不符合本法规定条件的登记申请予以登记，或者对符合本法规定条件的登记申请不予登记的，或者对违法登记进行包庇的，对直接负责的主管人员和其他直接责任人员依法给予行政处分。	**第二百五十八条** 公司登记机关**违反法律、行政法规规定未履行职责或者履行职责不当**的，对负**有**责**任**的**领导**人员和直接责任人员依法给予**政务**处分。
第二百一十条 未依法登记为有限责任公司或者股份有限公司，而冒用有限责任公司或者股份有限公司名义的，或者未依法登记为有限责任公司或者股份有限公司的分公司，而冒用有限责任公司或者股份有限公司的分公司名义的，由公司登记机关责令改正或者予以取缔，可以并处十万元以下的罚款。	**第二百五十九条** 未依法登记为有限责任公司或者股份有限公司，而冒用有限责任公司或者股份有限公司名义的，或者未依法登记为有限责任公司或者股份有限公司的分公司，而冒用有限责任公司或者股份有限公司的分公司名义的，由公司登记机关责令改正或者予以取缔，可以并处十万元以下的罚款。

2018 年公司法 （阴影部分为修改或删除的内容）	2023 年公司法 （黑体部分为修改或增加的内容）
第二百一十一条 公司成立后无正当理由超过六个月未开业的，或者开业后自行停业连续六个月以上的，可以由公司登记机关吊销营业执照。 公司登记事项发生变更时，未依照本法规定办理有关变更登记的，由公司登记机关责令限期登记；逾期不登记的，处以一万元以上十万元以下的罚款。	**第二百六十条** 公司成立后无正当理由超过六个月未开业的，或者开业后自行停业连续六个月以上的，公司登记机关可以吊销营业执照，**但公司依法办理歇业的除外**。 公司登记事项发生变更时，未依照本法规定办理有关变更登记的，由公司登记机关责令限期登记；逾期不登记的，处以一万元以上十万元以下的罚款。
第二百一十二条 外国公司违反本法规定，擅自在中国境内设立分支机构的，由公司登记机关责令改正或者关闭，可以并处五万元以上二十万元以下的罚款。	**第二百六十一条** 外国公司违反本法规定，擅自在中**华人民共和**国境内设立分支机构的，由公司登记机关责令改正或者关闭，可以并处五万元以上二十万元以下的罚款。
第二百一十三条 利用公司名义从事危害国家安全、社会公共利益的严重违法行为的，吊销营业执照。	**第二百六十二条** 利用公司名义从事危害国家安全、社会公共利益的严重违法行为的，吊销营业执照。
第二百一十四条 公司违反本法规定，应当承担民事赔偿责任和缴纳罚款、罚金的，其财产不足以支付时，先承担民事赔偿责任。	**第二百六十三条** 公司违反本法规定，应当承担民事赔偿责任和缴纳罚款、罚金的，其财产不足以支付时，先承担民事赔偿责任。

2018年公司法 (阴影部分为修改或删除的内容)	2023年公司法 (黑体部分为修改或增加的内容)
第二百一十五条 违反本法规定,构成犯罪的,依法追究刑事责任。	**第二百六十四条** 违反本法规定,构成犯罪的,依法追究刑事责任。
第十三章 附则	**第十五章 附则**
第二百一十六条 本法下列用语的含义: (一)高级管理人员,是指公司的经理、副经理、财务负责人,上市公司董事会秘书和公司章程规定的其他人员。 (二)控股股东,是指其出资额占有限责任公司资本总额百分之五十以上或者其持有的股份占股份有限公司股本总额百分之五十以上的股东;出资额或者持有股份的比例虽然不足百分之五十,但依其出资额或者持有的股份所享有的表决权已足以对股东会、股东大会的决议产生重大影响的股东。 (三)实际控制人,是指虽不是公司的股东,但通过投资关系、协议或者其他安排,能够实际支配公司行为的人。	**第二百六十五条** 本法下列用语的含义: (一)高级管理人员,是指公司的经理、副经理、财务负责人,上市公司董事会秘书和公司章程规定的其他人员。 (二)控股股东,是指其出资额占有限责任公司资本总额**超过**百分之五十或者其持有的股份占股份有限公司股本总额**超过**百分之五十的股东;出资额或者持有股份的比例虽然**低于**百分之五十,但依其出资额或者持有的股份所享有的表决权已足以对股东会的决议产生重大影响的股东。 (三)实际控制人,是指通过投资关系、协议或者其他安排,能够实际支配公司行为的人。

2018 年公司法 （阴影部分为修改或删除的内容）	2023 年公司法 （黑体部分为修改或增加的内容）
（四）关联关系，是指公司控股股东、实际控制人、董事、监事、高级管理人员与其直接或者间接控制的企业之间的关系，以及可能导致公司利益转移的其他关系。但是，国家控股的企业之间不仅因为同受国家控股而具有关联关系。	（四）关联关系，是指公司控股股东、实际控制人、董事、监事、高级管理人员与其直接或者间接控制的企业之间的关系，以及可能导致公司利益转移的其他关系。但是，国家控股的企业之间不仅因为同受国家控股而具有关联关系。
第二百一十七条 外商投资的有限责任公司和股份有限公司适用本法；有关外商投资的法律另有规定的，适用其规定。	
第二百一十八条 本法自2006 年 1 月 1 日起施行。	**第二百六十六条** 本法自2024 年 7 月 1 日起施行。 **本法施行前已登记设立的公司，出资期限超过本法规定的期限的，除法律、行政法规或者国务院另有规定外，应当逐步调整至本法规定的期限以内；对于出资期限、出资额明显异常的，公司登记机关可以依法要求其及时调整。具体实施办法由国务院规定。**

中华人民共和国公司法

（1993 年 12 月 29 日第八届全国人民代表大会常务委员会第五次会议通过　根据 1999 年 12 月 25 日第九届全国人民代表大会常务委员会第十三次会议《关于修改〈中华人民共和国公司法〉的决定》第一次修正　根据 2004 年 8 月 28 日第十届全国人民代表大会常务委员会第十一次会议《关于修改〈中华人民共和国公司法〉的决定》第二次修正　2005 年 10 月 27 日第十届全国人民代表大会常务委员会第十八次会议第一次修订　根据 2013 年 12 月 28 日第十二届全国人民代表大会常务委员会第六次会议《关于修改〈中华人民共和国海洋环境保护法〉等七部法律的决定》第三次修正　根据 2018 年 10 月 26 日第十三届全国人民代表大会常务委员会第六次会议《关于修改〈中华人民共和国公司法〉的决定》第四次修正　2023 年 12 月 29 日第十四届全国人民代表大会常务委员会第七次会议第二次修订）

目录

第一章　总则

第一条　为了规范公司的组织和行为，保护公司、股东、职工和债权人的合法权益，完善中国特色现代企业制度，弘扬企业家精神，维护社会经济秩序，促进社会主义市场经济的发展，根据宪法，制定本法。

第二条　本法所称公司，是指依照本法在中华人民共和国境内设立的有限责任公司和股份有限公司。

第三条　公司是企业法人，有独立的法人财产，享有法人财产权。公司以其全部财产对公司的债务承担责任。

公司的合法权益受法律保护，不受侵犯。

第四条　有限责任公司的股东以其认缴的出资额为限对公司承担责任；股份有限公司的股东以其认购的股份为限对公司承担责任。

公司股东对公司依法享有资产收益、参与重大决策和选择管理者等权利。

第五条 设立公司应当依法制定公司章程。公司章程对公司、股东、董事、监事、高级管理人员具有约束力。

第六条 公司应当有自己的名称。公司名称应当符合国家有关规定。

公司的名称权受法律保护。

第七条 依照本法设立的有限责任公司，应当在公司名称中标明有限责任公司或者有限公司字样。

依照本法设立的股份有限公司，应当在公司名称中标明股份有限公司或者股份公司字样。

第八条 公司以其主要办事机构所在地为住所。

第九条 公司的经营范围由公司章程规定。公司可以修改公司章程，变更经营范围。

公司的经营范围中属于法律、行政法规规定须经批准的项目，应当依法经过批准。

第十条 公司的法定代表人按照公司章程的规定，由代表公司执行公司事务的董事或者经理担任。

担任法定代表人的董事或者经理辞任的，视为同时辞去法定代表人。

法定代表人辞任的，公司应当在法定代表人辞任之日起三十日内确定新的法定代表人。

第十一条 法定代表人以公司名义从事的民事活动，其法律后果由公司承受。

公司章程或者股东会对法定代表人职权的限制，不得对抗善意相对人。

法定代表人因执行职务造成他人损害的，由公司承担民事责任。公司承担民事责任后，依照法律或者公司章程的规定，可以向有过错的法定代表人追偿。

第十二条 有限责任公司变更为股份有限公司，应当符合本法规定的股份有限公司的条件。股份有限公司变更为有限责任公司，应当符合本法规定的有限责任公司的条件。

有限责任公司变更为股份有限公司的,或者股份有限公司变更为有限责任公司的,公司变更前的债权、债务由变更后的公司承继。

第十三条 公司可以设立子公司。子公司具有法人资格,依法独立承担民事责任。

公司可以设立分公司。分公司不具有法人资格,其民事责任由公司承担。

第十四条 公司可以向其他企业投资。

法律规定公司不得成为对所投资企业的债务承担连带责任的出资人的,从其规定。

第十五条 公司向其他企业投资或者为他人提供担保,按照公司章程的规定,由董事会或者股东会决议;公司章程对投资或者担保的总额及单项投资或者担保的数额有限额规定的,不得超过规定的限额。

公司为公司股东或者实际控制人提供担保的,应当经股东会决议。

前款规定的股东或者受前款规定的实际控制人支配的股东,不得参加前款规定事项的表决。该项表决由出席会议的其他股东所持表决权的过半数通过。

第十六条 公司应当保护职工的合法权益,依法与职工签订劳动合同,参加社会保险,加强劳动保护,实现安全生产。

公司应当采用多种形式,加强公司职工的职业教育和岗位培训,提高职工素质。

第十七条 公司职工依照《中华人民共和国工会法》组织工会,开展工会活动,维护职工合法权益。公司应当为本公司工会提供必要的活动条件。公司工会代表职工就职工的劳动报酬、工作时间、休息休假、劳动安全卫生和保险福利等事项依法与公司签订集体合同。

公司依照宪法和有关法律的规定,建立健全以职工代表大会为基本形式的民主管理制度,通过职工代表大会或者其他形式,实行民主管理。

公司研究决定改制、解散、申请破产以及经营方面的重大问题、制定重要的规章制度时，应当听取公司工会的意见，并通过职工代表大会或者其他形式听取职工的意见和建议。

第十八条 在公司中，根据中国共产党章程的规定，设立中国共产党的组织，开展党的活动。公司应当为党组织的活动提供必要条件。

第十九条 公司从事经营活动，应当遵守法律法规，遵守社会公德、商业道德，诚实守信，接受政府和社会公众的监督。

第二十条 公司从事经营活动，应当充分考虑公司职工、消费者等利益相关者的利益以及生态环境保护等社会公共利益，承担社会责任。

国家鼓励公司参与社会公益活动，公布社会责任报告。

第二十一条 公司股东应当遵守法律、行政法规和公司章程，依法行使股东权利，不得滥用股东权利损害公司或者其他股东的利益。

公司股东滥用股东权利给公司或者其他股东造成损失的，应当承担赔偿责任。

第二十二条 公司的控股股东、实际控制人、董事、监事、高级管理人员不得利用关联关系损害公司利益。

违反前款规定，给公司造成损失的，应当承担赔偿责任。

第二十三条 公司股东滥用公司法人独立地位和股东有限责任，逃避债务，严重损害公司债权人利益的，应当对公司债务承担连带责任。

股东利用其控制的两个以上公司实施前款规定行为的，各公司应当对任一公司的债务承担连带责任。

只有一个股东的公司，股东不能证明公司财产独立于股东自己的财产的，应当对公司债务承担连带责任。

第二十四条 公司股东会、董事会、监事会召开会议和表决可以采用电子通信方式，公司章程另有规定的除外。

第二十五条 公司股东会、董事会的决议内容违反法律、行政法规的无效。

第二十六条 公司股东会、董事会的会议召集程序、表决方式违反法律、行政法规或者公司章程，或者决议内容违反公司章程的，股东自决议作出之日起六十日内,可以请求人民法院撤销。但是,股东会、董事会的会议召集程序或者表决方式仅有轻微瑕疵,对决议未产生实质影响的除外。

未被通知参加股东会会议的股东自知道或者应当知道股东会决议作出之日起六十日内,可以请求人民法院撤销;自决议作出之日起一年内没有行使撤销权的,撤销权消灭。

第二十七条 有下列情形之一的,公司股东会、董事会的决议不成立:

(一)未召开股东会、董事会会议作出决议;

(二)股东会、董事会会议未对决议事项进行表决;

(三)出席会议的人数或者所持表决权数未达到本法或者公司章程规定的人数或者所持表决权数;

(四)同意决议事项的人数或者所持表决权数未达到本法或者公司章程规定的人数或者所持表决权数。

第二十八条 公司股东会、董事会决议被人民法院宣告无效、撤销或者确认不成立的,公司应当向公司登记机关申请撤销根据该决议已办理的登记。

股东会、董事会决议被人民法院宣告无效、撤销或者确认不成立的,公司根据该决议与善意相对人形成的民事法律关系不受影响。

第二章 公司登记

第二十九条 设立公司,应当依法向公司登记机关申请设立登记。

法律、行政法规规定设立公司必须报经批准的,应当在公司登记前依法办理批准手续。

第三十条 申请设立公司,应当提交设立登记申请书、公司章程等文件,提交的相关材料应当真实、合法和有效。

申请材料不齐全或者不符合法定形式的,公司登记机关应当一次性告知需要补正的材料。

第三十一条 申请设立公司,符合本法规定的设立条件的,由公司登记机关分别登记为有限责任公司或者股份有限公司;不符合本法规定的设立条件的,不得登记为有限责任公司或者股份有限公司。

第三十二条 公司登记事项包括:

(一)名称;

(二)住所;

(三)注册资本;

(四)经营范围;

(五)法定代表人的姓名;

(六)有限责任公司股东、股份有限公司发起人的姓名或者名称。

公司登记机关应当将前款规定的公司登记事项通过国家企业信用信息公示系统向社会公示。

第三十三条 依法设立的公司,由公司登记机关发给公司营业执照。公司营业执照签发日期为公司成立日期。

公司营业执照应当载明公司的名称、住所、注册资本、经营范围、法定代表人姓名等事项。

公司登记机关可以发给电子营业执照。电子营业执照与纸质营业执照具有同等法律效力。

第三十四条 公司登记事项发生变更的,应当依法办理变更登记。

公司登记事项未经登记或者未经变更登记,不得对抗善意相对人。

第三十五条 公司申请变更登记,应当向公司登记机关提交公司法定代表人签署的变更登记申请书、依法作出的变更决议或者决定等文件。

公司变更登记事项涉及修改公司章程的,应当提交修改后的公司章程。

公司变更法定代表人的,变更登记申请书由变更后的法定代表人签署。

第三十六条 公司营业执照记载的事项发生变更的,公司办理变更登记后,由公司登记机关换发营业执照。

第三十七条 公司因解散、被宣告破产或者其他法定事由需要终止的,应当依法向公司登记机关申请注销登记,由公司登记机关公告公司终止。

第三十八条　公司设立分公司，应当向公司登记机关申请登记，领取营业执照。

第三十九条　虚报注册资本、提交虚假材料或者采取其他欺诈手段隐瞒重要事实取得公司设立登记的，公司登记机关应当依照法律、行政法规的规定予以撤销。

第四十条　公司应当按照规定通过国家企业信用信息公示系统公示下列事项：

（一）有限责任公司股东认缴和实缴的出资额、出资方式和出资日期，股份有限公司发起人认购的股份数；

（二）有限责任公司股东、股份有限公司发起人的股权、股份变更信息；

（三）行政许可取得、变更、注销等信息；

（四）法律、行政法规规定的其他信息。

公司应当确保前款公示信息真实、准确、完整。

第四十一条　公司登记机关应当优化公司登记办理流程，提高公司登记效率，加强信息化建设，推行网上办理等便捷方式，提升公司登记便利化水平。

国务院市场监督管理部门根据本法和有关法律、行政法规的规定，制定公司登记注册的具体办法。

第三章　有限责任公司的设立和组织机构

第一节　设立

第四十二条　有限责任公司由一个以上五十个以下股东出资设立。

第四十三条　有限责任公司设立时的股东可以签订设立协议，明确各自在公司设立过程中的权利和义务。

第四十四条　有限责任公司设立时的股东为设立公司从事的民事活动，其法律后果由公司承受。

公司未成立的，其法律后果由公司设立时的股东承受；设立时的股东为二人以上的，享有连带债权，承担连带债务。

设立时的股东为设立公司以自己的名义从事民事活动产生的民事责任，第三人有权选择请求公司或者公司设立时的股东承担。

设立时的股东因履行公司设立职责造成他人损害的，公司或者无过错的股东承担赔偿责任后，可以向有过错的股东追偿。

第四十五条 设立有限责任公司，应当由股东共同制定公司章程。

第四十六条 有限责任公司章程应当载明下列事项：

（一）公司名称和住所；

（二）公司经营范围；

（三）公司注册资本；

（四）股东的姓名或者名称；

（五）股东的出资额、出资方式和出资日期；

（六）公司的机构及其产生办法、职权、议事规则；

（七）公司法定代表人的产生、变更办法；

（八）股东会认为需要规定的其他事项。

股东应当在公司章程上签名或者盖章。

第四十七条 有限责任公司的注册资本为在公司登记机关登记的全体股东认缴的出资额。全体股东认缴的出资额由股东按照公司章程的规定自公司成立之日起五年内缴足。

法律、行政法规以及国务院决定对有限责任公司注册资本实缴、注册资本最低限额、股东出资期限另有规定的，从其规定。

第四十八条 股东可以用货币出资，也可以用实物、知识产权、土地使用权、股权、债权等可以用货币估价并可以依法转让的非货币财产作价出资；但是，法律、行政法规规定不得作为出资的财产除外。

对作为出资的非货币财产应当评估作价，核实财产，不得高估或者低估作价。法律、行政法规对评估作价有规定的，从其规定。

第四十九条 股东应当按期足额缴纳公司章程规定的各自所认缴的出资额。

股东以货币出资的，应当将货币出资足额存入有限责任公司在银行开设的账户；以非货币财产出资的，应当依法办理其财产权的转移手续。

股东未按期足额缴纳出资的，除应当向公司足额缴纳外，还应当对给公司造成的损失承担赔偿责任。

第五十条 有限责任公司设立时，股东未按照公司章程规定实际缴纳出资，或者实际出资的非货币财产的实际价额显著低于所认缴的出资额的，设立时的其他股东与该股东在出资不足的范围内承担连带责任。

第五十一条 有限责任公司成立后，董事会应当对股东的出资情况进行核查，发现股东未按期足额缴纳公司章程规定的出资的，应当由公司向该股东发出书面催缴书，催缴出资。

未及时履行前款规定的义务，给公司造成损失的，负有责任的董事应当承担赔偿责任。

第五十二条 股东未按照公司章程规定的出资日期缴纳出资，公司依照前条第一款规定发出书面催缴书催缴出资的，可以载明缴纳出资的宽限期；宽限期自公司发出催缴书之日起，不得少于六十日。宽限期届满，股东仍未履行出资义务的，公司经董事会决议可以向该股东发出失权通知，通知应当以书面形式发出。自通知发出之日起，该股东丧失其未缴纳出资的股权。

依照前款规定丧失的股权应当依法转让，或者相应减少注册资本并注销该股权；六个月内未转让或者注销的，由公司其他股东按照其出资比例足额缴纳相应出资。

股东对失权有异议的，应当自接到失权通知之日起三十日内，向人民法院提起诉讼。

第五十三条 公司成立后，股东不得抽逃出资。

违反前款规定的，股东应当返还抽逃的出资；给公司造成损失的，负有责任的董事、监事、高级管理人员应当与该股东承担连带赔偿责任。

第五十四条 公司不能清偿到期债务的，公司或者已到期债权的债权人有权要求已认缴出资但未届出资期限的股东提前缴纳出资。

第五十五条 有限责任公司成立后，应当向股东签发出资证明书，记载下列事项：

（一）公司名称；

（二）公司成立日期；

（三）公司注册资本；

（四）股东的姓名或者名称、认缴和实缴的出资额、出资方式和出资日期；

（五）出资证明书的编号和核发日期。

出资证明书由法定代表人签名，并由公司盖章。

第五十六条 有限责任公司应当置备股东名册，记载下列事项：

（一）股东的姓名或者名称及住所；

（二）股东认缴和实缴的出资额、出资方式和出资日期；

（三）出资证明书编号；

（四）取得和丧失股东资格的日期。

记载于股东名册的股东，可以依股东名册主张行使股东权利。

第五十七条 股东有权查阅、复制公司章程、股东名册、股东会会议记录、董事会会议决议、监事会会议决议和财务会计报告。

股东可以要求查阅公司会计账簿、会计凭证。股东要求查阅公司会计账簿、会计凭证的，应当向公司提出书面请求，说明目的。公司有合理根据认为股东查阅会计账簿、会计凭证有不正当目的，可能损害公司合法利益的，可以拒绝提供查阅，并应当自股东提出书面请求之日起十五日内书面答复股东并说明理由。公司拒绝提供查阅的，股东可以向人民法院提起诉讼。

股东查阅前款规定的材料，可以委托会计师事务所、律师事务所等中介机构进行。

股东及其委托的会计师事务所、律师事务所等中介机构查阅、复制有关材料，应当遵守有关保护国家秘密、商业秘密、个人隐私、个人信息等法律、行政法规的规定。

股东要求查阅、复制公司全资子公司相关材料的，适用前四款的规定。

第二节　组织机构

第五十八条 有限责任公司股东会由全体股东组成。股东会是公司的权力机构,依照本法行使职权。

第五十九条 股东会行使下列职权:

(一)选举和更换董事、监事,决定有关董事、监事的报酬事项;

(二)审议批准董事会的报告;

(三)审议批准监事会的报告;

(四)审议批准公司的利润分配方案和弥补亏损方案;

(五)对公司增加或者减少注册资本作出决议;

(六)对发行公司债券作出决议;

(七)对公司合并、分立、解散、清算或者变更公司形式作出决议;

(八)修改公司章程;

(九)公司章程规定的其他职权。

股东会可以授权董事会对发行公司债券作出决议。

对本条第一款所列事项股东以书面形式一致表示同意的,可以不召开股东会会议,直接作出决定,并由全体股东在决定文件上签名或者盖章。

第六十条 只有一个股东的有限责任公司不设股东会。股东作出前条第一款所列事项的决定时,应当采用书面形式,并由股东签名或者盖章后置备于公司。

第六十一条 首次股东会会议由出资最多的股东召集和主持,依照本法规定行使职权。

第六十二条 股东会会议分为定期会议和临时会议。

定期会议应当按照公司章程的规定按时召开。代表十分之一以上表决权的股东、三分之一以上的董事或者监事会提议召开临时会议的,应当召开临时会议。

第六十三条 股东会会议由董事会召集,董事长主持;董事长不能履行职务或者不履行职务的,由副董事长主持;副董事长不能履行职务或者不履行职务的,由过半数的董事共同推举一名董事主持。

董事会不能履行或者不履行召集股东会会议职责的,由监事会召集和主持;监事会不召集和主持的,代表十分之一以上表决权的股东可以自行召集和主持。

第六十四条 召开股东会会议,应当于会议召开十五日前通知全体股东;但是,公司章程另有规定或者全体股东另有约定的除外。

股东会应当对所议事项的决定作成会议记录,出席会议的股东应当在会议记录上签名或者盖章。

第六十五条 股东会会议由股东按照出资比例行使表决权;但是,公司章程另有规定的除外。

第六十六条 股东会的议事方式和表决程序,除本法有规定的外,由公司章程规定。

股东会作出决议,应当经代表过半数表决权的股东通过。

股东会作出修改公司章程、增加或者减少注册资本的决议,以及公司合并、分立、解散或者变更公司形式的决议,应当经代表三分之二以上表决权的股东通过。

第六十七条 有限责任公司设董事会,本法第七十五条另有规定的除外。

董事会行使下列职权:

(一)召集股东会会议,并向股东会报告工作;

(二)执行股东会的决议;

(三)决定公司的经营计划和投资方案;

(四)制订公司的利润分配方案和弥补亏损方案;

(五)制订公司增加或者减少注册资本以及发行公司债券的方案;

(六)制订公司合并、分立、解散或者变更公司形式的方案;

(七)决定公司内部管理机构的设置;

(八)决定聘任或者解聘公司经理及其报酬事项,并根据经理的提名决定聘任或者解聘公司副经理、财务负责人及其报酬事项;

(九)制定公司的基本管理制度;

(十)公司章程规定或者股东会授予的其他职权。

公司章程对董事会职权的限制不得对抗善意相对人。

第六十八条 有限责任公司董事会成员为三人以上,其成员中可以有公司职工代表。职工人数三百人以上的有限责任公司,除依法设监事会并有公司职工代表的外,其董事会成员中应当有公司职工代表。董事会中的职工代表由公司职工通过职工代表大会、职工大会或者其他形式民主选举产生。

董事会设董事长一人，可以设副董事长。董事长、副董事长的产生办法由公司章程规定。

第六十九条 有限责任公司可以按照公司章程的规定在董事会中设置由董事组成的审计委员会，行使本法规定的监事会的职权，不设监事会或者监事。公司董事会成员中的职工代表可以成为审计委员会成员。

第七十条 董事任期由公司章程规定，但每届任期不得超过三年。董事任期届满，连选可以连任。

董事任期届满未及时改选，或者董事在任期内辞任导致董事会成员低于法定人数的，在改选出的董事就任前，原董事仍应当依照法律、行政法规和公司章程的规定，履行董事职务。

董事辞任的，应当以书面形式通知公司，公司收到通知之日辞任生效，但存在前款规定情形的，董事应当继续履行职务。

第七十一条 股东会可以决议解任董事，决议作出之日解任生效。

无正当理由，在任期届满前解任董事的，该董事可以要求公司予以赔偿。

第七十二条 董事会会议由董事长召集和主持；董事长不能履行职务或者不履行职务的，由副董事长召集和主持；副董事长不能履行职务或者不履行职务的，由过半数的董事共同推举一名董事召集和主持。

第七十三条 董事会的议事方式和表决程序，除本法有规定的外，由公司章程规定。

董事会会议应当有过半数的董事出席方可举行。董事会作出决议，应当经全体董事的过半数通过。

董事会决议的表决，应当一人一票。

董事会应当对所议事项的决定作成会议记录，出席会议的董事应当在会议记录上签名。

第七十四条 有限责任公司可以设经理，由董事会决定聘任或者解聘。

经理对董事会负责，根据公司章程的规定或者董事会的授权行使职权。经理列席董事会会议。

第七十五条 规模较小或者股东人数较少的有限责任公司,可以不设董事会,设一名董事,行使本法规定的董事会的职权。该董事可以兼任公司经理。

第七十六条 有限责任公司设监事会,本法第六十九条、第八十三条另有规定的除外。

监事会成员为三人以上。监事会成员应当包括股东代表和适当比例的公司职工代表,其中职工代表的比例不得低于三分之一,具体比例由公司章程规定。监事会中的职工代表由公司职工通过职工代表大会、职工大会或者其他形式民主选举产生。

监事会设主席一人,由全体监事过半数选举产生。监事会主席召集和主持监事会会议;监事会主席不能履行职务或者不履行职务的,由过半数的监事共同推举一名监事召集和主持监事会会议。

董事、高级管理人员不得兼任监事。

第七十七条 监事的任期每届为三年。监事任期届满,连选可以连任。

监事任期届满未及时改选,或者监事在任期内辞任导致监事会成员低于法定人数的,在改选出的监事就任前,原监事仍应当依照法律、行政法规和公司章程的规定,履行监事职务。

第七十八条 监事会行使下列职权:

(一)检查公司财务;

(二)对董事、高级管理人员执行职务的行为进行监督,对违反法律、行政法规、公司章程或者股东会决议的董事、高级管理人员提出解任的建议;

(三)当董事、高级管理人员的行为损害公司的利益时,要求董事、高级管理人员予以纠正;

(四)提议召开临时股东会会议,在董事会不履行本法规定的召集和主持股东会会议职责时召集和主持股东会会议;

(五)向股东会会议提出提案;

(六)依照本法第一百八十九条的规定,对董事、高级管理人员提起诉讼;

（七）公司章程规定的其他职权。

第七十九条 监事可以列席董事会会议，并对董事会决议事项提出质询或者建议。

监事会发现公司经营情况异常，可以进行调查；必要时，可以聘请会计师事务所等协助其工作，费用由公司承担。

第八十条 监事会可以要求董事、高级管理人员提交执行职务的报告。

董事、高级管理人员应当如实向监事会提供有关情况和资料，不得妨碍监事会或者监事行使职权。

第八十一条 监事会每年度至少召开一次会议，监事可以提议召开临时监事会会议。

监事会的议事方式和表决程序，除本法有规定的外，由公司章程规定。

监事会决议应当经全体监事的过半数通过。

监事会决议的表决，应当一人一票。

监事会应当对所议事项的决定作成会议记录，出席会议的监事应当在会议记录上签名。

第八十二条 监事会行使职权所必需的费用，由公司承担。

第八十三条 规模较小或者股东人数较少的有限责任公司，可以不设监事会，设一名监事，行使本法规定的监事会的职权；经全体股东一致同意，也可以不设监事。

第四章 有限责任公司的股权转让

第八十四条 有限责任公司的股东之间可以相互转让其全部或者部分股权。

股东向股东以外的人转让股权的，应当将股权转让的数量、价格、支付方式和期限等事项书面通知其他股东，其他股东在同等条件下有优先购买权。股东自接到书面通知之日起三十日内未答复的，视为放弃优先购买权。两个以上股东行使优先购买权的，协商确定各自的购买比例；协商不成的，按照转让时各自的出资比例行使优先购买权。

公司章程对股权转让另有规定的，从其规定。

第八十五条 人民法院依照法律规定的强制执行程序转让股东的股权时,应当通知公司及全体股东,其他股东在同等条件下有优先购买权。其他股东自人民法院通知之日起满二十日不行使优先购买权的,视为放弃优先购买权。

第八十六条 股东转让股权的,应当书面通知公司,请求变更股东名册;需要办理变更登记的,并请求公司向公司登记机关办理变更登记。公司拒绝或者在合理期限内不予答复的,转让人、受让人可以依法向人民法院提起诉讼。

股权转让的,受让人自记载于股东名册时起可以向公司主张行使股东权利。

第八十七条 依照本法转让股权后,公司应当及时注销原股东的出资证明书,向新股东签发出资证明书,并相应修改公司章程和股东名册中有关股东及其出资额的记载。对公司章程的该项修改不需再由股东会表决。

第八十八条 股东转让已认缴出资但未届出资期限的股权的,由受让人承担缴纳该出资的义务;受让人未按期足额缴纳出资的,转让人对受让人未按期缴纳的出资承担补充责任。

未按照公司章程规定的出资日期缴纳出资或者作为出资的非货币财产的实际价额显著低于所认缴的出资额的股东转让股权的,转让人与受让人在出资不足的范围内承担连带责任;受让人不知道且不应当知道存在上述情形的,由转让人承担责任。

第八十九条 有下列情形之一的,对股东会该项决议投反对票的股东可以请求公司按照合理的价格收购其股权:

(一)公司连续五年不向股东分配利润,而公司该五年连续盈利,并且符合本法规定的分配利润条件;

(二)公司合并、分立、转让主要财产;

(三)公司章程规定的营业期限届满或者章程规定的其他解散事由出现,股东会通过决议修改章程使公司存续。

自股东会决议作出之日起六十日内,股东与公司不能达成股权收购协议的,股东可以自股东会决议作出之日起九十日内向人民法院提起诉讼。

公司的控股股东滥用股东权利,严重损害公司或者其他股东利益的,其他股东有权请求公司按照合理的价格收购其股权。

公司因本条第一款、第三款规定的情形收购的本公司股权,应当在六个月内依法转让或者注销。

第九十条 自然人股东死亡后,其合法继承人可以继承股东资格;但是,公司章程另有规定的除外。

第五章 股份有限公司的设立和组织机构

第一节 设立

第九十一条 设立股份有限公司,可以采取发起设立或者募集设立的方式。

发起设立,是指由发起人认购设立公司时应发行的全部股份而设立公司。

募集设立,是指由发起人认购设立公司时应发行股份的一部分,其余股份向特定对象募集或者向社会公开募集而设立公司。

第九十二条 设立股份有限公司,应当有一人以上二百人以下为发起人,其中应当有半数以上的发起人在中华人民共和国境内有住所。

第九十三条 股份有限公司发起人承担公司筹办事务。

发起人应当签订发起人协议,明确各自在公司设立过程中的权利和义务。

第九十四条 设立股份有限公司,应当由发起人共同制订公司章程。

第九十五条 股份有限公司章程应当载明下列事项:

(一)公司名称和住所;

(二)公司经营范围;

(三)公司设立方式;

(四)公司注册资本、已发行的股份数和设立时发行的股份数,面额股的每股金额;

(五)发行类别股的,每一类别股的股份数及其权利和义务;

(六)发起人的姓名或者名称、认购的股份数、出资方式;

(七)董事会的组成、职权和议事规则;

(八)公司法定代表人的产生、变更办法;

(九)监事会的组成、职权和议事规则;

(十)公司利润分配办法;

(十一)公司的解散事由与清算办法;

(十二)公司的通知和公告办法;

(十三)股东会认为需要规定的其他事项。

第九十六条 股份有限公司的注册资本为在公司登记机关登记的已发行股份的股本总额。在发起人认购的股份缴足前,不得向他人募集股份。

法律、行政法规以及国务院决定对股份有限公司注册资本最低限额另有规定的,从其规定。

第九十七条 以发起设立方式设立股份有限公司的,发起人应当认足公司章程规定的公司设立时应发行的股份。

以募集设立方式设立股份有限公司的,发起人认购的股份不得少于公司章程规定的公司设立时应发行股份总数的百分之三十五;但是,法律、行政法规另有规定的,从其规定。

第九十八条 发起人应当在公司成立前按照其认购的股份全额缴纳股款。

发起人的出资,适用本法第四十八条、第四十九条第二款关于有限责任公司股东出资的规定。

第九十九条 发起人不按照其认购的股份缴纳股款,或者作为出资的非货币财产的实际价额显著低于所认购的股份的,其他发起人与该发起人在出资不足的范围内承担连带责任。

第一百条 发起人向社会公开募集股份,应当公告招股说明书,并制作认股书。认股书应当载明本法第一百五十四条第二款、第三款所列事项,由认股人填写认购的股份数、金额、住所,并签名或者盖章。认股人应当按照所认购股份足额缴纳股款。

第一百零一条 向社会公开募集股份的股款缴足后,应当经依法设立的验资机构验资并出具证明。

第一百零二条　股份有限公司应当制作股东名册并置备于公司。股东名册应当记载下列事项：

（一）股东的姓名或者名称及住所；

（二）各股东所认购的股份种类及股份数；

（三）发行纸面形式的股票的，股票的编号；

（四）各股东取得股份的日期。

第一百零三条　募集设立股份有限公司的发起人应当自公司设立时应发行股份的股款缴足之日起三十日内召开公司成立大会。发起人应当在成立大会召开十五日前将会议日期通知各认股人或者予以公告。成立大会应当有持有表决权过半数的认股人出席，方可举行。

以发起设立方式设立股份有限公司成立大会的召开和表决程序由公司章程或者发起人协议规定。

第一百零四条　公司成立大会行使下列职权：

（一）审议发起人关于公司筹办情况的报告；

（二）通过公司章程；

（三）选举董事、监事；

（四）对公司的设立费用进行审核；

（五）对发起人非货币财产出资的作价进行审核；

（六）发生不可抗力或者经营条件发生重大变化直接影响公司设立的，可以作出不设立公司的决议。

成立大会对前款所列事项作出决议，应当经出席会议的认股人所持表决权过半数通过。

第一百零五条　公司设立时应发行的股份未募足，或者发行股份的股款缴足后，发起人在三十日内未召开成立大会的，认股人可以按照所缴股款并加算银行同期存款利息，要求发起人返还。

发起人、认股人缴纳股款或者交付非货币财产出资后，除未按期募足股份、发起人未按期召开成立大会或者成立大会决议不设立公司的情形外，不得抽回其股本。

第一百零六条　董事会应当授权代表，于公司成立大会结束后三十日内向公司登记机关申请设立登记。

第一百零七条 本法第四十四条、第四十九条第三款、第五十一条、第五十二条、第五十三条的规定,适用于股份有限公司。

第一百零八条 有限责任公司变更为股份有限公司时,折合的实收股本总额不得高于公司净资产额。有限责任公司变更为股份有限公司,为增加注册资本公开发行股份时,应当依法办理。

第一百零九条 股份有限公司应当将公司章程、股东名册、股东会会议记录、董事会会议记录、监事会会议记录、财务会计报告、债券持有人名册置备于本公司。

第一百一十条 股东有权查阅、复制公司章程、股东名册、股东会会议记录、董事会会议决议、监事会会议决议、财务会计报告,对公司的经营提出建议或者质询。

连续一百八十日以上单独或者合计持有公司百分之三以上股份的股东要求查阅公司的会计账簿、会计凭证的,适用本法第五十七条第二款、第三款、第四款的规定。公司章程对持股比例有较低规定的,从其规定。

股东要求查阅、复制公司全资子公司相关材料的,适用前两款的规定。

上市公司股东查阅、复制相关材料的,应当遵守《中华人民共和国证券法》等法律、行政法规的规定。

第二节　股东会

第一百一十一条 股份有限公司股东会由全体股东组成。股东会是公司的权力机构,依照本法行使职权。

第一百一十二条 本法第五十九条第一款、第二款关于有限责任公司股东会职权的规定,适用于股份有限公司股东会。

本法第六十条关于只有一个股东的有限责任公司不设股东会的规定,适用于只有一个股东的股份有限公司。

第一百一十三条 股东会应当每年召开一次年会。有下列情形之一的,应当在两个月内召开临时股东会会议:

(一)董事人数不足本法规定人数或者公司章程所定人数的三分之二时;

(二)公司未弥补的亏损达股本总额三分之一时;

(三)单独或者合计持有公司百分之十以上股份的股东请求时;

(四)董事会认为必要时;

(五)监事会提议召开时;

(六)公司章程规定的其他情形。

第一百一十四条 股东会会议由董事会召集,董事长主持;董事长不能履行职务或者不履行职务的,由副董事长主持;副董事长不能履行职务或者不履行职务的,由过半数的董事共同推举一名董事主持。

董事会不能履行或者不履行召集股东会会议职责的,监事会应当及时召集和主持;监事会不召集和主持的,连续九十日以上单独或者合计持有公司百分之十以上股份的股东可以自行召集和主持。

单独或者合计持有公司百分之十以上股份的股东请求召开临时股东会会议的,董事会、监事会应当在收到请求之日起十日内作出是否召开临时股东会会议的决定,并书面答复股东。

第一百一十五条 召开股东会会议,应当将会议召开的时间、地点和审议的事项于会议召开二十日前通知各股东;临时股东会会议应当于会议召开十五日前通知各股东。

单独或者合计持有公司百分之一以上股份的股东,可以在股东会会议召开十日前提出临时提案并书面提交董事会。临时提案应当有明确议题和具体决议事项。董事会应当在收到提案后二日内通知其他股东,并将该临时提案提交股东会审议;但临时提案违反法律、行政法规或者公司章程的规定,或者不属于股东会职权范围的除外。公司不得提高提出临时提案股东的持股比例。

公开发行股份的公司,应当以公告方式作出前两款规定的通知。

股东会不得对通知中未列明的事项作出决议。

第一百一十六条 股东出席股东会会议,所持每一股份有一表决权,类别股股东除外。公司持有的本公司股份没有表决权。

股东会作出决议,应当经出席会议的股东所持表决权过半数通过。

股东会作出修改公司章程、增加或者减少注册资本的决议,以及公司合并、分立、解散或者变更公司形式的决议，应当经出席会议的股东所持表决权的三分之二以上通过。

第一百一十七条 股东会选举董事、监事，可以按照公司章程的规定或者股东会的决议，实行累积投票制。

本法所称累积投票制，是指股东会选举董事或者监事时，每一股份拥有与应选董事或者监事人数相同的表决权，股东拥有的表决权可以集中使用。

第一百一十八条 股东委托代理人出席股东会会议的，应当明确代理人代理的事项、权限和期限；代理人应当向公司提交股东授权委托书，并在授权范围内行使表决权。

第一百一十九条 股东会应当对所议事项的决定作成会议记录，主持人、出席会议的董事应当在会议记录上签名。会议记录应当与出席股东的签名册及代理出席的委托书一并保存。

第三节 董事会、经理

第一百二十条 股份有限公司设董事会，本法第一百二十八条另有规定的除外。

本法第六十七条、第六十八条第一款、第七十条、第七十一条的规定，适用于股份有限公司。

第一百二十一条 股份有限公司可以按照公司章程的规定在董事会中设置由董事组成的审计委员会，行使本法规定的监事会的职权，不设监事会或者监事。

审计委员会成员为三名以上，过半数成员不得在公司担任除董事以外的其他职务，且不得与公司存在任何可能影响其独立客观判断的关系。公司董事会成员中的职工代表可以成为审计委员会成员。

审计委员会作出决议，应当经审计委员会成员的过半数通过。

审计委员会决议的表决，应当一人一票。

审计委员会的议事方式和表决程序，除本法有规定的外，由公司章程规定。

公司可以按照公司章程的规定在董事会中设置其他委员会。

第一百二十二条 董事会设董事长一人，可以设副董事长。董事长和副董事长由董事会以全体董事的过半数选举产生。

董事长召集和主持董事会会议，检查董事会决议的实施情况。副董事长协助董事长工作，董事长不能履行职务或者不履行职务的，由副董事长履行职务；副董事长不能履行职务或者不履行职务的，由过半数的董事共同推举一名董事履行职务。

第一百二十三条 董事会每年度至少召开两次会议，每次会议应当于会议召开十日前通知全体董事和监事。

代表十分之一以上表决权的股东、三分之一以上董事或者监事会，可以提议召开临时董事会会议。董事长应当自接到提议后十日内，召集和主持董事会会议。

董事会召开临时会议，可以另定召集董事会的通知方式和通知时限。

第一百二十四条 董事会会议应当有过半数的董事出席方可举行。董事会作出决议，应当经全体董事的过半数通过。

董事会决议的表决，应当一人一票。

董事会应当对所议事项的决定作成会议记录，出席会议的董事应当在会议记录上签名。

第一百二十五条 董事会会议，应当由董事本人出席；董事因故不能出席，可以书面委托其他董事代为出席，委托书应当载明授权范围。

董事应当对董事会的决议承担责任。董事会的决议违反法律、行政法规或者公司章程、股东会决议，给公司造成严重损失的，参与决议的董事对公司负赔偿责任；经证明在表决时曾表明异议并记载于会议记录的，该董事可以免除责任。

第一百二十六条 股份有限公司设经理，由董事会决定聘任或者解聘。

经理对董事会负责，根据公司章程的规定或者董事会的授权行使职权。经理列席董事会会议。

第一百二十七条 公司董事会可以决定由董事会成员兼任经理。

第一百二十八条 规模较小或者股东人数较少的股份有限公司，可以不设董事会，设一名董事，行使本法规定的董事会的职权。该董事可以兼任公司经理。

第一百二十九条 公司应当定期向股东披露董事、监事、高级管理人员从公司获得报酬的情况。

第四节 监事会

第一百三十条 股份有限公司设监事会，本法第一百二十一条第一款、第一百三十三条另有规定的除外。

监事会成员为三人以上。监事会成员应当包括股东代表和适当比例的公司职工代表，其中职工代表的比例不得低于三分之一，具体比例由公司章程规定。监事会中的职工代表由公司职工通过职工代表大会、职工大会或者其他形式民主选举产生。

监事会设主席一人，可以设副主席。监事会主席和副主席由全体监事过半数选举产生。监事会主席召集和主持监事会会议；监事会主席不能履行职务或者不履行职务的，由监事会副主席召集和主持监事会会议；监事会副主席不能履行职务或者不履行职务的，由过半数的监事共同推举一名监事召集和主持监事会会议。

董事、高级管理人员不得兼任监事。

本法第七十七条关于有限责任公司监事任期的规定，适用于股份有限公司监事。

第一百三十一条 本法第七十八条至第八十条的规定，适用于股份有限公司监事会。

监事会行使职权所必需的费用，由公司承担。

第一百三十二条 监事会每六个月至少召开一次会议。监事可以提议召开临时监事会会议。

监事会的议事方式和表决程序，除本法有规定的外，由公司章程规定。

监事会决议应当经全体监事的过半数通过。

监事会决议的表决，应当一人一票。

监事会应当对所议事项的决定作成会议记录，出席会议的监事应当在会议记录上签名。

第一百三十三条 规模较小或者股东人数较少的股份有限公司，

可以不设监事会，设一名监事，行使本法规定的监事会的职权。

第五节 上市公司组织机构的特别规定

第一百三十四条 本法所称上市公司，是指其股票在证券交易所上市交易的股份有限公司。

第一百三十五条 上市公司在一年内购买、出售重大资产或者向他人提供担保的金额超过公司资产总额百分之三十的，应当由股东会作出决议，并经出席会议的股东所持表决权的三分之二以上通过。

第一百三十六条 上市公司设独立董事，具体管理办法由国务院证券监督管理机构规定。

上市公司的公司章程除载明本法第九十五条规定的事项外，还应当依照法律、行政法规的规定载明董事会专门委员会的组成、职权以及董事、监事、高级管理人员薪酬考核机制等事项。

第一百三十七条 上市公司在董事会中设置审计委员会的，董事会对下列事项作出决议前应当经审计委员会全体成员过半数通过：

（一）聘用、解聘承办公司审计业务的会计师事务所；

（二）聘任、解聘财务负责人；

（三）披露财务会计报告；

（四）国务院证券监督管理机构规定的其他事项。

第一百三十八条 上市公司设董事会秘书，负责公司股东会和董事会会议的筹备、文件保管以及公司股东资料的管理，办理信息披露事务等事宜。

第一百三十九条 上市公司董事与董事会会议决议事项所涉及的企业或者个人有关联关系的，该董事应当及时向董事会书面报告。有关联关系的董事不得对该项决议行使表决权，也不得代理其他董事行使表决权。该董事会会议由过半数的无关联关系董事出席即可举行，董事会会议所作决议须经无关联关系董事过半数通过。出席董事会会议的无关联关系董事人数不足三人的，应当将该事项提交上市公司股东会审议。

第一百四十条 上市公司应当依法披露股东、实际控制人的信息，相关信息应当真实、准确、完整。

禁止违反法律、行政法规的规定代持上市公司股票。

第一百四十一条 上市公司控股子公司不得取得该上市公司的股份。

上市公司控股子公司因公司合并、质权行使等原因持有上市公司股份的，不得行使所持股份对应的表决权，并应当及时处分相关上市公司股份。

第六章 股份有限公司的股份发行和转让

第一节 股份发行

第一百四十二条 公司的资本划分为股份。公司的全部股份，根据公司章程的规定择一采用面额股或者无面额股。采用面额股的，每一股的金额相等。

公司可以根据公司章程的规定将已发行的面额股全部转换为无面额股或者将无面额股全部转换为面额股。

采用无面额股的，应当将发行股份所得股款的二分之一以上计入注册资本。

第一百四十三条 股份的发行，实行公平、公正的原则，同类别的每一股份应当具有同等权利。

同次发行的同类别股份，每股的发行条件和价格应当相同；认购人所认购的股份，每股应当支付相同价额。

第一百四十四条 公司可以按照公司章程的规定发行下列与普通股权利不同的类别股：

（一）优先或者劣后分配利润或者剩余财产的股份；

（二）每一股的表决权数多于或者少于普通股的股份；

（三）转让须经公司同意等转让受限的股份；

（四）国务院规定的其他类别股。

公开发行股份的公司不得发行前款第二项、第三项规定的类别股；公开发行前已发行的除外。

公司发行本条第一款第二项规定的类别股的，对于监事或者审计委员会成员的选举和更换，类别股与普通股每一股的表决权数相同。

第一百四十五条 发行类别股的公司，应当在公司章程中载明以下事项：

（一）类别股分配利润或者剩余财产的顺序；

（二）类别股的表决权数；

（三）类别股的转让限制；

（四）保护中小股东权益的措施；

（五）股东会认为需要规定的其他事项。

第一百四十六条 发行类别股的公司，有本法第一百一十六条第三款规定的事项等可能影响类别股股东权利的，除应当依照第一百一十六条第三款的规定经股东会决议外，还应当经出席类别股股东会议的股东所持表决权的三分之二以上通过。

公司章程可以对需经类别股股东会议决议的其他事项作出规定。

第一百四十七条 公司的股份采取股票的形式。股票是公司签发的证明股东所持股份的凭证。

公司发行的股票，应当为记名股票。

第一百四十八条 面额股股票的发行价格可以按票面金额，也可以超过票面金额，但不得低于票面金额。

第一百四十九条 股票采用纸面形式或者国务院证券监督管理机构规定的其他形式。

股票采用纸面形式的，应当载明下列主要事项：

（一）公司名称；

（二）公司成立日期或者股票发行的时间；

（三）股票种类、票面金额及代表的股份数，发行无面额股的，股票代表的股份数。

股票采用纸面形式的，还应当载明股票的编号，由法定代表人签名，公司盖章。

发起人股票采用纸面形式的，应当标明发起人股票字样。

第一百五十条 股份有限公司成立后，即向股东正式交付股票。公司成立前不得向股东交付股票。

第一百五十一条 公司发行新股，股东会应当对下列事项作出决议：

（一）新股种类及数额；

（二）新股发行价格；

（三）新股发行的起止日期；

（四）向原有股东发行新股的种类及数额；

（五）发行无面额股的，新股发行所得股款计入注册资本的金额。

公司发行新股，可以根据公司经营情况和财务状况，确定其作价方案。

第一百五十二条 公司章程或者股东会可以授权董事会在三年内决定发行不超过已发行股份百分之五十的股份。但以非货币财产作价出资的应当经股东会决议。

董事会依照前款规定决定发行股份导致公司注册资本、已发行股份数发生变化的，对公司章程该项记载事项的修改不需再由股东会表决。

第一百五十三条 公司章程或者股东会授权董事会决定发行新股的，董事会决议应当经全体董事三分之二以上通过。

第一百五十四条 公司向社会公开募集股份，应当经国务院证券监督管理机构注册，公告招股说明书。

招股说明书应当附有公司章程，并载明下列事项：

（一）发行的股份总数；

（二）面额股的票面金额和发行价格或者无面额股的发行价格；

（三）募集资金的用途；

（四）认股人的权利和义务；

（五）股份种类及其权利和义务；

（六）本次募股的起止日期及逾期未募足时认股人可以撤回所认股份的说明。

公司设立时发行股份的，还应当载明发起人认购的股份数。

第一百五十五条 公司向社会公开募集股份，应当由依法设立的证券公司承销，签订承销协议。

第一百五十六条 公司向社会公开募集股份，应当同银行签订代收股款协议。

代收股款的银行应当按照协议代收和保存股款，向缴纳股款的认股人出具收款单据,并负有向有关部门出具收款证明的义务。

公司发行股份募足股款后,应予公告。

第二节　股份转让

第一百五十七条　股份有限公司的股东持有的股份可以向其他股东转让,也可以向股东以外的人转让;公司章程对股份转让有限制的,其转让按照公司章程的规定进行。

第一百五十八条　股东转让其股份,应当在依法设立的证券交易场所进行或者按照国务院规定的其他方式进行。

第一百五十九条　股票的转让,由股东以背书方式或者法律、行政法规规定的其他方式进行;转让后由公司将受让人的姓名或者名称及住所记载于股东名册。

股东会会议召开前二十日内或者公司决定分配股利的基准日前五日内,不得变更股东名册。法律、行政法规或者国务院证券监督管理机构对上市公司股东名册变更另有规定的,从其规定。

第一百六十条　公司公开发行股份前已发行的股份,自公司股票在证券交易所上市交易之日起一年内不得转让。法律、行政法规或者国务院证券监督管理机构对上市公司的股东、实际控制人转让其所持有的本公司股份另有规定的,从其规定。

公司董事、监事、高级管理人员应当向公司申报所持有的本公司的股份及其变动情况,在就任时确定的任职期间每年转让的股份不得超过其所持有本公司股份总数的百分之二十五;所持本公司股份自公司股票上市交易之日起一年内不得转让。上述人员离职后半年内,不得转让其所持有的本公司股份。公司章程可以对公司董事、监事、高级管理人员转让其所持有的本公司股份作出其他限制性规定。

股份在法律、行政法规规定的限制转让期限内出质的,质权人不得在限制转让期限内行使质权。

第一百六十一条　有下列情形之一的,对股东会该项决议投反对票的股东可以请求公司按照合理的价格收购其股份,公开发行股份的公司除外:

(一)公司连续五年不向股东分配利润,而公司该五年连续盈利,并且符合本法规定的分配利润条件；

(二)公司转让主要财产；

(三)公司章程规定的营业期限届满或者章程规定的其他解散事由出现，股东会通过决议修改章程使公司存续。

自股东会决议作出之日起六十日内，股东与公司不能达成股份收购协议的，股东可以自股东会决议作出之日起九十日内向人民法院提起诉讼。

公司因本条第一款规定的情形收购的本公司股份，应当在六个月内依法转让或者注销。

第一百六十二条 公司不得收购本公司股份。但是，有下列情形之一的除外：

(一)减少公司注册资本；

(二)与持有本公司股份的其他公司合并；

(三)将股份用于员工持股计划或者股权激励；

(四)股东因对股东会作出的公司合并、分立决议持异议，要求公司收购其股份；

(五)将股份用于转换公司发行的可转换为股票的公司债券；

(六)上市公司为维护公司价值及股东权益所必需。

公司因前款第一项、第二项规定的情形收购本公司股份的，应当经股东会决议；公司因前款第三项、第五项、第六项规定的情形收购本公司股份的，可以按照公司章程或者股东会的授权，经三分之二以上董事出席的董事会会议决议。

公司依照本条第一款规定收购本公司股份后，属于第一项情形的，应当自收购之日起十日内注销；属于第二项、第四项情形的，应当在六个月内转让或者注销；属于第三项、第五项、第六项情形的，公司合计持有的本公司股份数不得超过本公司已发行股份总数的百分之十，并应当在三年内转让或者注销。

上市公司收购本公司股份的，应当依照《中华人民共和国证券法》的规定履行信息披露义务。上市公司因本条第一款第三项、第五项、第六项规定的情形收购本公司股份的，应当通过公开的集中交易方式进行。

公司不得接受本公司的股份作为质权的标的。

第一百六十三条 公司不得为他人取得本公司或者其母公司的股份提供赠与、借款、担保以及其他财务资助,公司实施员工持股计划的除外。

为公司利益,经股东会决议,或者董事会按照公司章程或者股东会的授权作出决议,公司可以为他人取得本公司或者其母公司的股份提供财务资助,但财务资助的累计总额不得超过已发行股本总额的百分之十。董事会作出决议应当经全体董事的三分之二以上通过。

违反前两款规定,给公司造成损失的,负有责任的董事、监事、高级管理人员应当承担赔偿责任。

第一百六十四条 股票被盗、遗失或者灭失,股东可以依照《中华人民共和国民事诉讼法》规定的公示催告程序,请求人民法院宣告该股票失效。人民法院宣告该股票失效后,股东可以向公司申请补发股票。

第一百六十五条 上市公司的股票,依照有关法律、行政法规及证券交易所交易规则上市交易。

第一百六十六条 上市公司应当依照法律、行政法规的规定披露相关信息。

第一百六十七条 自然人股东死亡后,其合法继承人可以继承股东资格;但是,股份转让受限的股份有限公司的章程另有规定的除外。

第七章　国家出资公司组织机构的特别规定

第一百六十八条 国家出资公司的组织机构,适用本章规定;本章没有规定的,适用本法其他规定。

本法所称国家出资公司,是指国家出资的国有独资公司、国有资本控股公司,包括国家出资的有限责任公司、股份有限公司。

第一百六十九条 国家出资公司,由国务院或者地方人民政府分别代表国家依法履行出资人职责,享有出资人权益。国务院或者地方人民政府可以授权国有资产监督管理机构或者其他部门、机构代表本级人民政府对国家出资公司履行出资人职责。

代表本级人民政府履行出资人职责的机构、部门,以下统称为履行出资人职责的机构。

第一百七十条 国家出资公司中中国共产党的组织,按照中国共产党章程的规定发挥领导作用,研究讨论公司重大经营管理事项,支持公司的组织机构依法行使职权。

第一百七十一条 国有独资公司章程由履行出资人职责的机构制定。

第一百七十二条 国有独资公司不设股东会,由履行出资人职责的机构行使股东会职权。履行出资人职责的机构可以授权公司董事会行使股东会的部分职权,但公司章程的制定和修改,公司的合并、分立、解散、申请破产,增加或者减少注册资本,分配利润,应当由履行出资人职责的机构决定。

第一百七十三条 国有独资公司的董事会依照本法规定行使职权。

国有独资公司的董事会成员中,应当过半数为外部董事,并应当有公司职工代表。

董事会成员由履行出资人职责的机构委派;但是,董事会成员中的职工代表由公司职工代表大会选举产生。

董事会设董事长一人,可以设副董事长。董事长、副董事长由履行出资人职责的机构从董事会成员中指定。

第一百七十四条 国有独资公司的经理由董事会聘任或者解聘。

经履行出资人职责的机构同意,董事会成员可以兼任经理。

第一百七十五条 国有独资公司的董事、高级管理人员,未经履行出资人职责的机构同意,不得在其他有限责任公司、股份有限公司或者其他经济组织兼职。

第一百七十六条 国有独资公司在董事会中设置由董事组成的审计委员会行使本法规定的监事会职权的,不设监事会或者监事。

第一百七十七条 国家出资公司应当依法建立健全内部监督管理和风险控制制度,加强内部合规管理。

第八章 公司董事、监事、高级管理人员的资格和义务

第一百七十八条 有下列情形之一的,不得担任公司的董事、监

事、高级管理人员：

（一）无民事行为能力或者限制民事行为能力；

（二）因贪污、贿赂、侵占财产、挪用财产或者破坏社会主义市场经济秩序，被判处刑罚，或者因犯罪被剥夺政治权利，执行期满未逾五年，被宣告缓刑的，自缓刑考验期满之日起未逾二年；

（三）担任破产清算的公司、企业的董事或者厂长、经理，对该公司、企业的破产负有个人责任的，自该公司、企业破产清算完结之日起未逾三年；

（四）担任因违法被吊销营业执照、责令关闭的公司、企业的法定代表人，并负有个人责任的，自该公司、企业被吊销营业执照、责令关闭之日起未逾三年；

（五）个人因所负数额较大债务到期未清偿被人民法院列为失信被执行人。

违反前款规定选举、委派董事、监事或者聘任高级管理人员的，该选举、委派或者聘任无效。

董事、监事、高级管理人员在任职期间出现本条第一款所列情形的，公司应当解除其职务。

第一百七十九条 董事、监事、高级管理人员应当遵守法律、行政法规和公司章程。

第一百八十条 董事、监事、高级管理人员对公司负有忠实义务，应当采取措施避免自身利益与公司利益冲突，不得利用职权牟取不正当利益。

董事、监事、高级管理人员对公司负有勤勉义务，执行职务应当为公司的最大利益尽到管理者通常应有的合理注意。

公司的控股股东、实际控制人不担任公司董事但实际执行公司事务的，适用前两款规定。

第一百八十一条 董事、监事、高级管理人员不得有下列行为：

（一）侵占公司财产、挪用公司资金；

（二）将公司资金以其个人名义或者以其他个人名义开立账户存储；

（三）利用职权贿赂或者收受其他非法收入；

（四）接受他人与公司交易的佣金归为己有；

（五）擅自披露公司秘密；

（六）违反对公司忠实义务的其他行为。

第一百八十二条 董事、监事、高级管理人员，直接或者间接与本公司订立合同或者进行交易，应当就与订立合同或者进行交易有关的事项向董事会或者股东会报告，并按照公司章程的规定经董事会或者股东会决议通过。

董事、监事、高级管理人员的近亲属，董事、监事、高级管理人员或者其近亲属直接或者间接控制的企业，以及与董事、监事、高级管理人员有其他关联关系的关联人，与公司订立合同或者进行交易，适用前款规定。

第一百八十三条 董事、监事、高级管理人员，不得利用职务便利为自己或者他人谋取属于公司的商业机会。但是，有下列情形之一的除外：

（一）向董事会或者股东会报告，并按照公司章程的规定经董事会或者股东会决议通过；

（二）根据法律、行政法规或者公司章程的规定，公司不能利用该商业机会。

第一百八十四条 董事、监事、高级管理人员未向董事会或者股东会报告，并按照公司章程的规定经董事会或者股东会决议通过，不得自营或者为他人经营与其任职公司同类的业务。

第一百八十五条 董事会对本法第一百八十二条至第一百八十四条规定的事项决议时，关联董事不得参与表决，其表决权不计入表决权总数。出席董事会会议的无关联关系董事人数不足三人的，应当将该事项提交股东会审议。

第一百八十六条 董事、监事、高级管理人员违反本法第一百八十一条至第一百八十四条规定所得的收入应当归公司所有。

第一百八十七条 股东会要求董事、监事、高级管理人员列席会议的，董事、监事、高级管理人员应当列席并接受股东的质询。

第一百八十八条 董事、监事、高级管理人员执行职务违反法律、行政法规或者公司章程的规定，给公司造成损失的，应当承担赔偿责任。

第一百八十九条　董事、高级管理人员有前条规定的情形的，有限责任公司的股东、股份有限公司连续一百八十日以上单独或者合计持有公司百分之一以上股份的股东，可以书面请求监事会向人民法院提起诉讼；监事有前条规定的情形的，前述股东可以书面请求董事会向人民法院提起诉讼。

监事会或者董事会收到前款规定的股东书面请求后拒绝提起诉讼，或者自收到请求之日起三十日内未提起诉讼，或者情况紧急、不立即提起诉讼将会使公司利益受到难以弥补的损害的，前款规定的股东有权为公司利益以自己的名义直接向人民法院提起诉讼。

他人侵犯公司合法权益，给公司造成损失的，本条第一款规定的股东可以依照前两款的规定向人民法院提起诉讼。

公司全资子公司的董事、监事、高级管理人员有前条规定情形，或者他人侵犯公司全资子公司合法权益造成损失的，有限责任公司的股东、股份有限公司连续一百八十日以上单独或者合计持有公司百分之一以上股份的股东，可以依照前三款规定书面请求全资子公司的监事会、董事会向人民法院提起诉讼或者以自己的名义直接向人民法院提起诉讼。

第一百九十条　董事、高级管理人员违反法律、行政法规或者公司章程的规定，损害股东利益的，股东可以向人民法院提起诉讼。

第一百九十一条　董事、高级管理人员执行职务，给他人造成损害的，公司应当承担赔偿责任；董事、高级管理人员存在故意或者重大过失的，也应当承担赔偿责任。

第一百九十二条　公司的控股股东、实际控制人指示董事、高级管理人员从事损害公司或者股东利益的行为的，与该董事、高级管理人员承担连带责任。

第一百九十三条　公司可以在董事任职期间为董事因执行公司职务承担的赔偿责任投保责任保险。

公司为董事投保责任保险或者续保后，董事会应当向股东会报告责任保险的投保金额、承保范围及保险费率等内容。

第九章　公司债券

第一百九十四条　本法所称公司债券，是指公司发行的约定按期还本付息的有价证券。

公司债券可以公开发行，也可以非公开发行。

公司债券的发行和交易应当符合《中华人民共和国证券法》等法律、行政法规的规定。

第一百九十五条　公开发行公司债券，应当经国务院证券监督管理机构注册，公告公司债券募集办法。

公司债券募集办法应当载明下列主要事项：

（一）公司名称；

（二）债券募集资金的用途；

（三）债券总额和债券的票面金额；

（四）债券利率的确定方式；

（五）还本付息的期限和方式；

（六）债券担保情况；

（七）债券的发行价格、发行的起止日期；

（八）公司净资产额；

（九）已发行的尚未到期的公司债券总额；

（十）公司债券的承销机构。

第一百九十六条　公司以纸面形式发行公司债券的，应当在债券上载明公司名称、债券票面金额、利率、偿还期限等事项，并由法定代表人签名，公司盖章。

第一百九十七条　公司债券应当为记名债券。

第一百九十八条　公司发行公司债券应当置备公司债券持有人名册。

发行公司债券的，应当在公司债券持有人名册上载明下列事项：

（一）债券持有人的姓名或者名称及住所；

（二）债券持有人取得债券的日期及债券的编号；

（三）债券总额，债券的票面金额、利率、还本付息的期限和方式；

（四）债券的发行日期。

第一百九十九条 公司债券的登记结算机构应当建立债券登记、存管、付息、兑付等相关制度。

第二百条 公司债券可以转让，转让价格由转让人与受让人约定。

公司债券的转让应当符合法律、行政法规的规定。

第二百零一条 公司债券由债券持有人以背书方式或者法律、行政法规规定的其他方式转让；转让后由公司将受让人的姓名或者名称及住所记载于公司债券持有人名册。

第二百零二条 股份有限公司经股东会决议，或者经公司章程、股东会授权由董事会决议，可以发行可转换为股票的公司债券，并规定具体的转换办法。上市公司发行可转换为股票的公司债券，应当经国务院证券监督管理机构注册。

发行可转换为股票的公司债券，应当在债券上标明可转换公司债券字样，并在公司债券持有人名册上载明可转换公司债券的数额。

第二百零三条 发行可转换为股票的公司债券的，公司应当按照其转换办法向债券持有人换发股票，但债券持有人对转换股票或者不转换股票有选择权。法律、行政法规另有规定的除外。

第二百零四条 公开发行公司债券的，应当为同期债券持有人设立债券持有人会议，并在债券募集办法中对债券持有人会议的召集程序、会议规则和其他重要事项作出规定。债券持有人会议可以对与债券持有人有利害关系的事项作出决议。

除公司债券募集办法另有约定外，债券持有人会议决议对同期全体债券持有人发生效力。

第二百零五条 公开发行公司债券的，发行人应当为债券持有人聘请债券受托管理人，由其为债券持有人办理受领清偿、债权保全、与债券相关的诉讼以及参与债务人破产程序等事项。

第二百零六条 债券受托管理人应当勤勉尽责，公正履行受托管理职责，不得损害债券持有人利益。

受托管理人与债券持有人存在利益冲突可能损害债券持有人利益的，债券持有人会议可以决议变更债券受托管理人。

债券受托管理人违反法律、行政法规或者债券持有人会议决议，损害债券持有人利益的,应当承担赔偿责任。

第十章 公司财务、会计

第二百零七条 公司应当依照法律、行政法规和国务院财政部门的规定建立本公司的财务、会计制度。

第二百零八条 公司应当在每一会计年度终了时编制财务会计报告,并依法经会计师事务所审计。

财务会计报告应当依照法律、行政法规和国务院财政部门的规定制作。

第二百零九条 有限责任公司应当按照公司章程规定的期限将财务会计报告送交各股东。

股份有限公司的财务会计报告应当在召开股东会年会的二十日前置备于本公司,供股东查阅;公开发行股份的股份有限公司应当公告其财务会计报告。

第二百一十条 公司分配当年税后利润时,应当提取利润的百分之十列入公司法定公积金。公司法定公积金累计额为公司注册资本的百分之五十以上的,可以不再提取。

公司的法定公积金不足以弥补以前年度亏损的,在依照前款规定提取法定公积金之前,应当先用当年利润弥补亏损。

公司从税后利润中提取法定公积金后,经股东会决议,还可以从税后利润中提取任意公积金。

公司弥补亏损和提取公积金后所余税后利润,有限责任公司按照股东实缴的出资比例分配利润,全体股东约定不按照出资比例分配利润的除外;股份有限公司按照股东所持有的股份比例分配利润,公司章程另有规定的除外。

公司持有的本公司股份不得分配利润。

第二百一十一条 公司违反本法规定向股东分配利润的,股东应当将违反规定分配的利润退还公司;给公司造成损失的,股东及负有责任的董事、监事、高级管理人员应当承担赔偿责任。

第二百一十二条 股东会作出分配利润的决议的,董事会应当在股东会决议作出之日起六个月内进行分配。

第二百一十三条 公司以超过股票票面金额的发行价格发行股份所得的溢价款、发行无面额股所得股款未计入注册资本的金额以及国务院财政部门规定列入资本公积金的其他项目,应当列为公司资本公积金。

第二百一十四条 公司的公积金用于弥补公司的亏损、扩大公司生产经营或者转为增加公司注册资本。

公积金弥补公司亏损,应当先使用任意公积金和法定公积金;仍不能弥补的,可以按照规定使用资本公积金。

法定公积金转为增加注册资本时,所留存的该项公积金不得少于转增前公司注册资本的百分之二十五。

第二百一十五条 公司聘用、解聘承办公司审计业务的会计师事务所,按照公司章程的规定,由股东会、董事会或者监事会决定。

公司股东会、董事会或者监事会就解聘会计师事务所进行表决时,应当允许会计师事务所陈述意见。

第二百一十六条 公司应当向聘用的会计师事务所提供真实、完整的会计凭证、会计账簿、财务会计报告及其他会计资料,不得拒绝、隐匿、谎报。

第二百一十七条 公司除法定的会计账簿外,不得另立会计账簿。

对公司资金,不得以任何个人名义开立账户存储。

第十一章 公司合并、分立、增资、减资

第二百一十八条 公司合并可以采取吸收合并或者新设合并。

一个公司吸收其他公司为吸收合并,被吸收的公司解散。两个以上公司合并设立一个新的公司为新设合并,合并各方解散。

第二百一十九条 公司与其持股百分之九十以上的公司合并,被合并的公司不需经股东会决议,但应当通知其他股东,其他股东有权请求公司按照合理的价格收购其股权或者股份。

公司合并支付的价款不超过本公司净资产百分之十的,可以不经股东会决议;但是,公司章程另有规定的除外。

公司依照前两款规定合并不经股东会决议的,应当经董事会

决议。

第二百二十条 公司合并,应当由合并各方签订合并协议,并编制资产负债表及财产清单。公司应当自作出合并决议之日起十日内通知债权人,并于三十日内在报纸上或者国家企业信用信息公示系统公告。债权人自接到通知之日起三十日内,未接到通知的自公告之日起四十五日内,可以要求公司清偿债务或者提供相应的担保。

第二百二十一条 公司合并时,合并各方的债权、债务,应当由合并后存续的公司或者新设的公司承继。

第二百二十二条 公司分立,其财产作相应的分割。

公司分立,应当编制资产负债表及财产清单。公司应当自作出分立决议之日起十日内通知债权人,并于三十日内在报纸上或者国家企业信用信息公示系统公告。

第二百二十三条 公司分立前的债务由分立后的公司承担连带责任。但是,公司在分立前与债权人就债务清偿达成的书面协议另有约定的除外。

第二百二十四条 公司减少注册资本,应当编制资产负债表及财产清单。

公司应当自股东会作出减少注册资本决议之日起十日内通知债权人,并于三十日内在报纸上或者国家企业信用信息公示系统公告。债权人自接到通知之日起三十日内,未接到通知的自公告之日起四十五日内,有权要求公司清偿债务或者提供相应的担保。

公司减少注册资本,应当按照股东出资或者持有股份的比例相应减少出资额或者股份,法律另有规定、有限责任公司全体股东另有约定或者股份有限公司章程另有规定的除外。

第二百二十五条 公司依照本法第二百一十四条第二款的规定弥补亏损后,仍有亏损的,可以减少注册资本弥补亏损。减少注册资本弥补亏损的,公司不得向股东分配,也不得免除股东缴纳出资或者股款的义务。

依照前款规定减少注册资本的,不适用前条第二款的规定,但应当自股东会作出减少注册资本决议之日起三十日内在报纸上或者国家企业信用信息公示系统公告。

公司依照前两款的规定减少注册资本后，在法定公积金和任意公积金累计额达到公司注册资本百分之五十前，不得分配利润。

第二百二十六条 违反本法规定减少注册资本的，股东应当退还其收到的资金，减免股东出资的应当恢复原状；给公司造成损失的，股东及负有责任的董事、监事、高级管理人员应当承担赔偿责任。

第二百二十七条 有限责任公司增加注册资本时，股东在同等条件下有权优先按照实缴的出资比例认缴出资。但是，全体股东约定不按照出资比例优先认缴出资的除外。

股份有限公司为增加注册资本发行新股时，股东不享有优先认购权，公司章程另有规定或者股东会决议决定股东享有优先认购权的除外。

第二百二十八条 有限责任公司增加注册资本时，股东认缴新增资本的出资，依照本法设立有限责任公司缴纳出资的有关规定执行。

股份有限公司为增加注册资本发行新股时，股东认购新股，依照本法设立股份有限公司缴纳股款的有关规定执行。

第十二章 公司解散和清算

第二百二十九条 公司因下列原因解散：

（一）公司章程规定的营业期限届满或者公司章程规定的其他解散事由出现；

（二）股东会决议解散；

（三）因公司合并或者分立需要解散；

（四）依法被吊销营业执照、责令关闭或者被撤销；

（五）人民法院依照本法第二百三十一条的规定予以解散。

公司出现前款规定的解散事由，应当在十日内将解散事由通过国家企业信用信息公示系统予以公示。

第二百三十条 公司有前条第一款第一项、第二项情形，且尚未向股东分配财产的，可以通过修改公司章程或者经股东会决议而存续。

依照前款规定修改公司章程或者经股东会决议，有限责任公司须经持有三分之二以上表决权的股东通过，股份有限公司须经出席股东会会议的股东所持表决权的三分之二以上通过。

第二百三十一条 公司经营管理发生严重困难,继续存续会使股东利益受到重大损失,通过其他途径不能解决的,持有公司百分之十以上表决权的股东,可以请求人民法院解散公司。

第二百三十二条 公司因本法第二百二十九条第一款第一项、第二项、第四项、第五项规定而解散的,应当清算。董事为公司清算义务人,应当在解散事由出现之日起十五日内组成清算组进行清算。

清算组由董事组成,但是公司章程另有规定或者股东会决议另选他人的除外。

清算义务人未及时履行清算义务,给公司或者债权人造成损失的,应当承担赔偿责任。

第二百三十三条 公司依照前条第一款的规定应当清算,逾期不成立清算组进行清算或者成立清算组后不清算的,利害关系人可以申请人民法院指定有关人员组成清算组进行清算。人民法院应当受理该申请,并及时组织清算组进行清算。

公司因本法第二百二十九条第一款第四项的规定而解散的,作出吊销营业执照、责令关闭或者撤销决定的部门或者公司登记机关,可以申请人民法院指定有关人员组成清算组进行清算。

第二百三十四条 清算组在清算期间行使下列职权:

(一)清理公司财产,分别编制资产负债表和财产清单;

(二)通知、公告债权人;

(三)处理与清算有关的公司未了结的业务;

(四)清缴所欠税款以及清算过程中产生的税款;

(五)清理债权、债务;

(六)分配公司清偿债务后的剩余财产;

(七)代表公司参与民事诉讼活动。

第二百三十五条 清算组应当自成立之日起十日内通知债权人,并于六十日内在报纸上或者国家企业信用信息公示系统公告。债权人应当自接到通知之日起三十日内,未接到通知的自公告之日起四十五日内,向清算组申报其债权。

债权人申报债权,应当说明债权的有关事项,并提供证明材料。

清算组应当对债权进行登记。

在申报债权期间,清算组不得对债权人进行清偿。

第二百三十六条 清算组在清理公司财产、编制资产负债表和财产清单后,应当制订清算方案,并报股东会或者人民法院确认。

公司财产在分别支付清算费用、职工的工资、社会保险费用和法定补偿金,缴纳所欠税款,清偿公司债务后的剩余财产,有限责任公司按照股东的出资比例分配,股份有限公司按照股东持有的股份比例分配。

清算期间,公司存续,但不得开展与清算无关的经营活动。公司财产在未依照前款规定清偿前,不得分配给股东。

第二百三十七条 清算组在清理公司财产、编制资产负债表和财产清单后,发现公司财产不足清偿债务的,应当依法向人民法院申请破产清算。

人民法院受理破产申请后,清算组应当将清算事务移交给人民法院指定的破产管理人。

第二百三十八条 清算组成员履行清算职责,负有忠实义务和勤勉义务。

清算组成员怠于履行清算职责,给公司造成损失的,应当承担赔偿责任;因故意或者重大过失给债权人造成损失的,应当承担赔偿责任。

第二百三十九条 公司清算结束后,清算组应当制作清算报告,报股东会或者人民法院确认,并报送公司登记机关,申请注销公司登记。

第二百四十条 公司在存续期间未产生债务,或者已清偿全部债务的,经全体股东承诺,可以按照规定通过简易程序注销公司登记。

通过简易程序注销公司登记,应当通过国家企业信用信息公示系统予以公告,公告期限不少于二十日。公告期限届满后,未有异议的,公司可以在二十日内向公司登记机关申请注销公司登记。

公司通过简易程序注销公司登记,股东对本条第一款规定的内容承诺不实的,应当对注销登记前的债务承担连带责任。

第二百四十一条 公司被吊销营业执照、责令关闭或者被撤销,满三年未向公司登记机关申请注销公司登记的,公司登记机关可以通过国家企业信用信息公示系统予以公告,公告期限不少于六十日。公告期限届满后,未有异议的,公司登记机关可以注销公司登记。

依照前款规定注销公司登记的,原公司股东、清算义务人的责任不受影响。

第二百四十二条 公司被依法宣告破产的,依照有关企业破产的法律实施破产清算。

第十三章 外国公司的分支机构

第二百四十三条 本法所称外国公司,是指依照外国法律在中华人民共和国境外设立的公司。

第二百四十四条 外国公司在中华人民共和国境内设立分支机构,应当向中国主管机关提出申请,并提交其公司章程、所属国的公司登记证书等有关文件,经批准后,向公司登记机关依法办理登记,领取营业执照。

外国公司分支机构的审批办法由国务院另行规定。

第二百四十五条 外国公司在中华人民共和国境内设立分支机构,应当在中华人民共和国境内指定负责该分支机构的代表人或者代理人,并向该分支机构拨付与其所从事的经营活动相适应的资金。

对外国公司分支机构的经营资金需要规定最低限额的,由国务院另行规定。

第二百四十六条 外国公司的分支机构应当在其名称中标明该外国公司的国籍及责任形式。

外国公司的分支机构应当在本机构中置备该外国公司章程。

第二百四十七条 外国公司在中华人民共和国境内设立的分支机构不具有中国法人资格。

外国公司对其分支机构在中华人民共和国境内进行经营活动承担民事责任。

第二百四十八条 经批准设立的外国公司分支机构,在中华人民共和国境内从事业务活动,应当遵守中国的法律,不得损害中国的社会公共利益,其合法权益受中国法律保护。

第二百四十九条 外国公司撤销其在中华人民共和国境内的分支机构时,应当依法清偿债务,依照本法有关公司清算程序的规定进行清算。未清偿债务之前,不得将其分支机构的财产转移至中华人民共和国境外。

第十四章 法律责任

第二百五十条 违反本法规定,虚报注册资本、提交虚假材料或者采取其他欺诈手段隐瞒重要事实取得公司登记的,由公司登记机关责令改正,对虚报注册资本的公司,处以虚报注册资本金额百分之五以上百分之十五以下的罚款;对提交虚假材料或者采取其他欺诈手段隐瞒重要事实的公司,处以五万元以上二百万元以下的罚款;情节严重的,吊销营业执照;对直接负责的主管人员和其他直接责任人员处以三万元以上三十万元以下的罚款。

第二百五十一条 公司未依照本法第四十条规定公示有关信息或者不如实公示有关信息的,由公司登记机关责令改正,可以处以一万元以上五万元以下的罚款。情节严重的,处以五万元以上二十万元以下的罚款;对直接负责的主管人员和其他直接责任人员处以一万元以上十万元以下的罚款。

第二百五十二条 公司的发起人、股东虚假出资,未交付或者未按期交付作为出资的货币或者非货币财产的,由公司登记机关责令改正,可以处以五万元以上二十万元以下的罚款;情节严重的,处以虚假出资或者未出资金额百分之五以上百分之十五以下的罚款;对直接负责的主管人员和其他直接责任人员处以一万元以上十万元以下的罚款。

第二百五十三条 公司的发起人、股东在公司成立后,抽逃其出资的,由公司登记机关责令改正,处以所抽逃出资金额百分之五以上百分之十五以下的罚款;对直接负责的主管人员和其他直接责任人员处以三万元以上三十万元以下的罚款。

第二百五十四条 有下列行为之一的,由县级以上人民政府财政部门依照《中华人民共和国会计法》等法律、行政法规的规定处罚:

(一)在法定的会计账簿以外另立会计账簿;

(二)提供存在虚假记载或者隐瞒重要事实的财务会计报告。

第二百五十五条 公司在合并、分立、减少注册资本或者进行清算时,不依照本法规定通知或者公告债权人的,由公司登记机关责令改正,对公司处以一万元以上十万元以下的罚款。

第二百五十六条 公司在进行清算时,隐匿财产,对资产负债表或者财产清单作虚假记载,或者在未清偿债务前分配公司财产的,由公司登记机关责令改正,对公司处以隐匿财产或者未清偿债务前分配公司财产金额百分之五以上百分之十以下的罚款;对直接负责的主管人员和其他直接责任人员处以一万元以上十万元以下的罚款。

第二百五十七条 承担资产评估、验资或者验证的机构提供虚假材料或者提供有重大遗漏的报告的,由有关部门依照《中华人民共和国资产评估法》、《中华人民共和国注册会计师法》等法律、行政法规的规定处罚。

承担资产评估、验资或者验证的机构因其出具的评估结果、验资或者验证证明不实,给公司债权人造成损失的,除能够证明自己没有过错的外,在其评估或者证明不实的金额范围内承担赔偿责任。

第二百五十八条 公司登记机关违反法律、行政法规规定未履行职责或者履行职责不当的,对负有责任的领导人员和直接责任人员依法给予政务处分。

第二百五十九条 未依法登记为有限责任公司或者股份有限公司,而冒用有限责任公司或者股份有限公司名义的,或者未依法登记为有限责任公司或者股份有限公司的分公司,而冒用有限责任公司或者股份有限公司的分公司名义的,由公司登记机关责令改正或者予以取缔,可以并处十万元以下的罚款。

第二百六十条 公司成立后无正当理由超过六个月未开业的,或者开业后自行停业连续六个月以上的,公司登记机关可以吊销营业执照,但公司依法办理歇业的除外。

公司登记事项发生变更时,未依照本法规定办理有关变更登记的,由公司登记机关责令限期登记;逾期不登记的,处以一万元以上十万元以下的罚款。

第二百六十一条 外国公司违反本法规定,擅自在中华人民共和国境内设立分支机构的，由公司登记机关责令改正或者关闭，可以并处五万元以上二十万元以下的罚款。

第二百六十二条 利用公司名义从事危害国家安全、社会公共利益的严重违法行为的，吊销营业执照。

第二百六十三条 公司违反本法规定，应当承担民事赔偿责任和缴纳罚款、罚金的，其财产不足以支付时，先承担民事赔偿责任。

第二百六十四条 违反本法规定，构成犯罪的，依法追究刑事责任。

第十五章 附则

第二百六十五条 本法下列用语的含义：

（一）高级管理人员，是指公司的经理、副经理、财务负责人，上市公司董事会秘书和公司章程规定的其他人员。

（二）控股股东，是指其出资额占有限责任公司资本总额超过百分之五十或者其持有的股份占股份有限公司股本总额超过百分之五十的股东；出资额或者持有股份的比例虽然低于百分之五十，但依其出资额或者持有的股份所享有的表决权已足以对股东会的决议产生重大影响的股东。

（三）实际控制人，是指通过投资关系、协议或者其他安排，能够实际支配公司行为的人。

（四）关联关系，是指公司控股股东、实际控制人、董事、监事、高级管理人员与其直接或者间接控制的企业之间的关系，以及可能导致公司利益转移的其他关系。但是，国家控股的企业之间不仅因为同受国家控股而具有关联关系。

第二百六十六条 本法自2024年7月1日起施行。

本法施行前已登记设立的公司，出资期限超过本法规定的期限的，除法律、行政法规或者国务院另有规定外，应当逐步调整至本法规定的期限以内；对于出资期限、出资额明显异常的，公司登记机关可以依法要求其及时调整。具体实施办法由国务院规定。